अनन्या मुखर्जी ने अपना बचपन नागपुर और दिल्ली में बिताया। उन्होंने कॉलेज की पढ़ाई दिल्ली में की। मास कम्यूनिकेशन में स्नातकोत्तर की पढ़ाई सिम्बायोसिस कॉलेज, पुणे से की, और वहाँ वह अपने बैच की टॉपर थीं। पत्रकारिता में स्नातकोत्तर की शिक्षा ग्रहण करने के लिए वह ऑस्ट्रेलिया के यूनिवर्सिटी ऑफ़ वोल्लोंगोंग गईं।

अपने सत्रह साल के पेशेवर जीवन में उन्होंने कई जानी-मानी पीआर कम्पनियों और कॉरपोरेट कम्पनियों के साथ काम किया, जिनमें कॉरपोरेट वॉयस, गुड रिलेशंस, इंजरसोल रैंड और डालमिया भारत ग्रुप शामिल हैं।

2012 में शादी के बाद वह जयपुर चली गईं, जो उनका दूसरा शहर हो गया।

2016 में पता चला कि अनन्या को स्तन कैंसर था। जब उनका इलाज चल रहा था, उन्होंने कैंसर से जुड़े अपने अनुभवों और कैंसर का मुक़ाबला करने के तरीकों के बारे में लिखना शुरू कर दिया, जो इस किताब के रूप में सामने है।

कीमोथेरेपी के पचास से अधिक सत्रों से गुज़रने के बावजूद अनन्या शब्दों से जादू जगा देती थीं। यह किताब उन लोगों के जीवन में उम्मीद की किरण की तरह हो सकती है जिनको कैंसर है और उनके परिजनों तथा देखभाल करने वालों के लिए भी जो मरीज़ के साथ-साथ इस बीमारी को अनुभव कर रहे होते हैं।

18 नवम्बर, 2018 को अनन्या कैंसर से लड़ाई हार गईं।

ठहरती साँसों के सिरहाने से

जब ज़िंदगी मौज ले रही थी

[कैंसर डायरी]

अनन्या मुखर्जी

अनुवाद

उर्मिला गुप्ता

मृदुल भसीन

अनुवाद संपादक

प्रभात रंजन

राजकमल पेपरबैक्स

Speaking Tiger से प्रकाशित पुस्तक *Tales from the Tail End : My Cancer Diary* का अनुवाद

राजकमल पेपरबैक्स में
पहला संस्करण : 2019

राजकमल पेपरबैक्स : उत्कृष्ट साहित्य के जनसुलभ संस्करण

राजकमल प्रकाशन प्रा. लि.
1-बी, नेताजी सुभाष मार्ग, दरियागंज
नई दिल्ली-110 002
द्वारा प्रकाशित

शाखाएँ : अशोक राजपथ, साइंस कॉलेज के सामने, पटना-800 006
पहली मंजिल, दरबारी बिल्डिंग, महात्मा गांधी मार्ग, इलाहाबाद-211 001
36 ए, शेक्सपियर सरणी, कोलकाता-700 017

वेबसाइट : www.rajkamalprakashan.com
ई-मेल : info@rajkamalprakashan.com

यश प्रिंटोग्राफिक्स
नोएडा-201 301 (उत्तर प्रदेश)
द्वारा मुद्रित

मूल्य : ₹ 125

THAHRATI SANSON KE SIRHANE SE
Cancer diary by Ananya Mukherjee

ISBN : 978-93-88933-70-4

क्रम

प्राक्कथन

'ठहरती साँसों के सिरहाने से' के इन गद्यांशों को लिखते हुए अनन्या ज़िंदगी, उसके अस्थायी स्वरूप, उसकी नजाकत, लोगों और सामाजिक मूल्यों के संदर्भ में बढ़ा-चढ़ाकर बताए जानेवाले गुणों को ठेंगा दिखा रही थी। उसने आनंद भरी ज़िंदगी को अपने लिए चुना। ऐसा लगता है मानो वह यह कहना चाह रही हो कि जीवन एक पल में भी पूरा जिया जा सकता है या फिर पूरा जीकर भी वह बेमतलब हो सकता है। उसने जीवन को भरपूर जिया, उसकी खिल्ली उड़ाई, चुनौती दी और बेइंतहा दर्द के बीच भी जीवन की विडंबना पर कनखी मारकर हँस पड़ी। वह ज़िंदगी का जश्न मना रही थी या मातम? ऐसा लगता है कि रोज़मर्रा की चीज़ों पर टिप्पणी करते हुए क्या वह यह नहीं कह रही है—शास्त्रों के अनुकूल मैं वर्तमान को पूरा जी रही हूँ—समाज के फ़रमाँबरदारों द्वारा ज़िंदगी पर चस्पा सामाजिक और नैतिक मूल्यों को एक तरफ करते हुए। ज़िंदगी का सबसे बड़ा सच कोई लंबी-चौड़ी योजना नहीं बल्कि अभी बिल्कुल अभी की तरह उसकी सच्चाई थी। उसके लिखे शब्दों में यही दुखद पर अन्तिम सत्य परिलक्षित होता है। आप जिस विषय पर अपना ध्यान लगाना चाह रहे हों जब वह आपके दिल के बेहद करीब हो और हाल में ही आपने उसको खोया हो तो सही तरह से कुछ लिख पाना मुश्किल होता है। यहाँ

तथाकथित विषयवस्तु 'अनन्या' है जिसके व्यक्तित्व में सामान्य, बाहरी व्यक्तित्व से हट कर भी बहुत सारे बहुरंगी आयाम थे। वह बहुत आला दर्जे की पेशेवर थी। पत्नी, बेटी, बहू, दोस्त और इन आपसी रिश्तों से परे वह एक और निराली इनसान थी। उसके फैसले, नया नजरिया, जीवन और मुद्दों पर उसकी पकड़ सदा अद्‌भुत होती थी।

उसके लेखन का अंदाज़ उतना ही निराला था जैसी कि वह स्वयं थी। शेक्सपीयर के नाटकों के त्रासद नायकों की तरह जीवन और लेखन दोनों में त्रासद पर अजेय। जब ज़िंदगी ने उसे कैंसर की चुनौती दी तो उसने भी बड़ी बहादुरी से उसे जवाब दिया—'हाँ, हाँ, ठीक है, मैं जानती हूँ जीवन और उसके मसलों को...।' उसके लिखे पन्नों को पढ़ते हुए यह तथ्य अन्दर तक भेद जाता है कि वह सदा अजेय, निडर और निराली ही रही। 'प्यार कर ले' शीर्षक वाला पहला ही पन्ना इस मूड को स्थापित कर देता है। जीवन के हर मोड़ पर, हर ज़िंदगी में उसका एक चिरन्तन प्रेमी से मिलने का वादा है। इन पन्नों में जीवन और मृत्यु के अतिरंजित फ़लसफ़े से वह प्रभावित नहीं दिखती, क्योंकि उसके लिए प्यार का यह पल, उस ख़ास पल को जीना ज़्यादा मायने रखता है। प्रेम जीवन की अनिश्चितताओं को पीछे छोड़कर वह प्रेम के स्वप्न को जीना चाहती है। उसका लिखा हर पन्ना इस गीत का नया रूप है। ऐसा लगता है कि जैसे वह यह संदेश दे रही है कि उस गीत की आत्मा पकड़ो—'प्यार कर ले घड़ी दो घड़ी'—क्योंकि कौन जाने कब जीवन आपको धोख़ा दे जाए। इस पल को जी लो।

अपनी विषयवस्तु को चुनने में भी उसने स्वयं जिये गए पलों को ही चुना है। रोज़मर्रा के जीवन को चुना है। यहाँ कोई अतीत अथवा भविष्य नहीं। वर्तमान पलों की गहराई को, उससे जुड़ी विडम्बनाओं और स्वयं तथा दुनिया पर उपहास भरी हँसी के साथ जीते हुए वह बौद्ध दर्शन के करीब नजर आती है। मुझे लगता है कि वैसे तो उसमें बौद्ध दर्शन की विशेषताओं को समझने की क्षमता थी लेकिन इस समय उसके विषय के चुनाव और लेखन में जो बेचैनी थी उसके लिए संक्षिप्तता और एकाग्रता

ज़रूरी हो चली थी। वह कभी भी मूर्खों को बर्दाश्त नहीं कर सकती थी और जब ज़िंदगी ही उसे बेवकूफ बनाने की ज़िद करती है तो उसे अनन्या व्यंग्यात्मक, ख़ुशनुमा और शोख़ीभरे अंदाज़ में जवाब देती है। उसके लेखन में विद्यमान ख़ुशी, ख़ुशी के अभाव को दर्शानेवाला है। यह बात उप-कथानक की तरह चलती है। एक जगह उदासी की बात करते हुए वह पाब्लो नेरूदा की बात ज़रूर करती है। मुझे ठीक-ठीक नहीं पता, पर ऐसा लगता है कि उसने पाब्लो नेरूदा की यह पंक्तियाँ अवश्य पढ़ी होगी, जहाँ वह कहते हैं—

आज की रात मैं लिख सकता हूँ सबसे उदास पंक्तियाँ
मैं अब उससे प्रेम नहीं करता, यह पक्का है, लेकिन मैं शायद अब भी प्रेम करता हूँ।
प्रेम कितना छोटा है, भूलना कितना लंबा
क्योंकि आज जैसी ही किसी रात मैंने उसे बाँहों में भरा था
मेरी आत्मा को नहीं हो रहा यकीन
कि मैंने उसे खो दिया है।
शायद यह आखिरी दर्द है जो उसने मुझे दिया और
और यह आखिरी कविता है
जो मैं लिख रहा हूँ उसकी खातिर।

ज़िंदगी के साथ कैंसर को जीते हुए अनन्या ही वह लड़की है जो नेरूदा की इन पंक्तियों को दोहरा सकती है—"यू कैन कट ऑल द फ्लावर्स बट यू कैन नॉट कीप द स्प्रिंग फ्रॉम कमिंग" (आप सभी फूलों को काट सकते हैं लेकिन आप वसंत को आने से रोक नहीं सकते) वह प्यार के बीत जाने का दुख और उसकी कोमलता का उत्सव एक साथ मना सकती थी, क्योंकि—

तुम और मैं, प्रिय, ख़ामोशी को बहाल कर सकते हैं
जब समुद्र अपने चिर स्मारकों को ध्वस्त करता है
तेज रफ्तार और सफेदी के अपने मीनारों को गिराता है

तब उन अदृश्य बनावटों में
बहते पानी, अविरल रेत के बीच
हम प्यार को चिरस्थायी बना सकते हैं

तो यह सब तो विषयवस्तु की बात हुई। यदि लेखन की बात करें तो एक आलोचक के रूप में मुझे अनन्या की लेखन शैली उसकी सोच से मेल खाती जान पड़ती है या कोई घिसे-पिटे मुहावरे उपयोग करें तो उसकी शैली जीवन दर्शन से मेल खाती है। वह स्वयं इस फिकरे की जगह कुछ और शब्द प्रयोग में लाती, क्योंकि लेखन, विचार और जीवन सभी में उसे उबाऊ शब्दों से चिढ़ थी। गो कि उसके लेखन में दुख, थके हाथ पाँव और मृत्यु की अन्तर्धारा तो है पर इस विषय को अपने जीवन में कैंसर की कथा कहते हुए वह ख़ास महत्व नहीं देती है। उसकी अभिव्यक्ति व्यंग्यात्मकता और दुख-सुख के मिश्रण से बनती है। इन पन्नों को पढ़ते हुए जो नहीं लिखा वह भी पढ़ा जाता है। लेखिका की अभिव्यक्ति ही उसके व्यक्तित्व का परिचय है। उसके लेखन में ज़िंदगी सिर ऊँचा करके आगे बढ़ती है। जो मृत्यु से ही मुकाबला है तो लेखक इससे हार मानना तो दूर सीधे बात करने में भी अपनी हेठी समझती है। हाँ, वह ज़िंदगी का स्वागत एक सहज मुस्कान से अवश्य करती है।

लेखिका यह सब कैसे कर पाती है? वह जीवन के अंहकार को अपने कम होते बालों और धमनियों में पसरती बीमारी के बराबर रखती है। निरर्थक हो चुके सपनों के बरक्स वह मोर्फिन ड्रग के रंगीन सपनों को रखती है। एक ख़ुशनुमा अध्याय खिड़की पर बैठे 'का' और 'की' पर लिखती है और उनसे गपशप भी करती है, अपने एक और अध्याय में वह अपनी पीड़ा को भूल प्लास्टिक के गुलाबी थैले के साथ ऊपर और ऊपर हलकी-फुलकी हो कर उड़ती जाती है। कीमो से पहले मुम्बई के बरसाती दिनों में उसके लिए आई शैडो की महत्ता बढ़ जाती है। यह शैडोज़ बड़े रंगीन और महीन हैं और इन्हें लगा कर आप सुन्दर लगते हैं, इस लायक कि कोई तारीफ़ करे।

वह लोगों, दोस्तों और अपने प्रियजनों के प्यार में है। उम्मीद के साथ

उसने नई मेज के लिए ऑर्डर दिया था, एक सुंदर सोफा, कुछ साड़ियाँ और डिज़ाइनर ब्लाउज, जिन्हें वह कैंसर के अध्याय के खत्म होने के बाद उपयोग में लाने वाली थी। वह खत्म हुआ, पीछे 'ठहरती साँसों के सिरहाने में' छोड़कर। ज़िंदगी प्यार की तरह छोटी होती है लेकिन भूलने में बड़ा वक़्त लगता है।

—डॉ. मृदुल भसीन

जयपुर
जून 2019

1

की और का

मुंबई में फ़िलहाल मैं जहाँ रह रही हूँ वहाँ बहुत सारे कौवे हैं। यहाँ कई रातें मैंने रोशनी देखते हुए बितायी हैं और सुबह के अजान की आवाज़ के साथ नींद की आग़ोश में चली गई। एक दिन अहले सुबह मैं जब नींद की आग़ोश में जाने ही वाली थी कि एक कौवे ने मेरी खिड़की पर काँव-काँव करना शुरू कर दिया। यह अंग्रेज़ी वाला काँव नहीं था बल्कि यह शुद्ध देशी था। वह लगातार दुखी होकर, ज़ोर-ज़ोर से, बिना रुके काँव काँव किए जा रहा था।

कीमो के असर से मेरा सिर भारी हो गया था और मैंने जी भर कर गालियाँ दी। मैंने अपना तकिया उठाकर बहुत ज़ोर से खिड़की की तरफ़ फेंक दिया। हरामज़ादा, हिला भी नहीं। मैंने सोचा, 'की' यह ज़रूर कोई पुरखे होंगे जो मुझसे मिलने आए हैं। मैंने 'का' को अच्छी तरह से देखा। उसके बाल बिखरे हुए थे और उसकी आँखें काली थीं। देखने से यक़ीनन वह परिचित लग रहा था, मैंने उसे दूध में डुबाया ब्रेड का टुकड़ा दिया। 'का' ने मुझे देखकर अपनी गोल-गोल आँखें घुमाईं, ब्रेड के टुकड़े को बग़ल करते हुए एक क़दम आगे बढ़ गया (बाद में,एक कबूतर ने उस टुकड़े को खाया, खिड़की के शीशे पर बीट की और वहाँ कुछ अंडे दिए—वे बहुत सम्भव है मेरे पुरखे रहे हों)।

इस बीच, सुबह 8 बजे तक 'का' ने अपना अत्याचार जारी रखा। तब मुझे यह एहसास हुआ कि हमलोग कितना ज़्यादा एक दूसरे के जैसे हैं और फिर मैं उसके प्रति नरम पड़ी। अपनी फटी टीशर्ट और बरमूडा पैंट तथा अपने बालों के साथ जिन्हें देखकर यह नहीं समझा जा सकता है कि उग रहे हैं या झड़ रहे हैं, मैं आजकल बहुत हद तक 'का' जैसा महसूस कर रही हूँ।

अक्सर आज जैसी सुबह की तरह 'मैं' और 'का' दोनों ही खिड़की के सामने खड़े रहते हैं, हम दोनों ही उपेक्षा से संसार की तरफ़ देखते हुए अपने 'की' के वापस आने का इंतज़ार करते हैं।

2

दुख, दर्द और उम्मीद का मौसम

कुछ अच्छी नीयत वाले लोग जब मुझसे मिलने आते हैं तो मेरा हाथ पकड़कर रोने भी लगते हैं और कहते हैं, उन्हें यह जानकर बहुत दुख हुआ, तो मैं उनकी जाँघों को (मात्र महिलाओं की) थपथपाते हुए कहती हूँ, फिक्र मत करो मैं ठीक हो जाऊँगी। इस पर वह अजीब निगाहों से मुझे देखते हुए बुदबुदाती हैं कि मैं तो बड़ी बहादुर हूँ।

मैं सदा से मजबूत दिल की रही हूँ और इस बात का मुझे गर्व भी है। तो क्या मैं उदास नहीं हूँ? जब पहले पहल मुझे एक आक्रामक प्रकार के स्तन कैंसर के पहले चरण का पता चला तो मैं स्तब्ध रह गई और बहुत निराश भी हुई। पर जल्दी ही मैंने अपने आपको सँभाल लिया। मैंने तय कर लिया कि मैं ख़ुशदिल रहकर यह लड़ाई लड़ूँगी। सबसे अच्छे डॉक्टर्स का चुनाव कर, सेहतमंद खाना खाकर, प्रार्थनाबद्ध होकर पूरी दुनिया में बहुत निष्ठा और विश्वास के साथ यह सकारात्मक संदेश भेजूँगी कि मैं ठीक हो जाऊँगी। फिर मैंने जाना, उम्मीद कोई बहुत अच्छी चीज नहीं।

एक वर्ष बाद मुझे बताया गया कि मेरा स्तन कैंसर बढ़ गया है और मेटास्टैसिस शुरू हो गया है (यानी आपका कैंसर अपनी मुख्य जगह से हटकर दूसरे अंगों में फैल गया है) इसे बढ़ा हुआ कैंसर भी कहते हैं। इस दिशा में निवारण की बात भी चल रही है। मैंने अपने फ़ोन से गूगल किया

और दोहरी सतर्कता बरतते हुए अपने लैपटॉप पर भी चैक किया और वहाँ भी यही बात पता चली। मेरी निराशा अब अन्तहीन हो गई। मैं बेहद उदास हो गई। फिर भी मैंने अपने होंठ भींचे और धोख़ेबाजों (डॉक्टर्स) और मेरी देखभाल करने वाले प्रियजनों (परिवार वालों) के सामने सिर ऊँचा करके जीने का तय किया। किसी रद्दी बॉलीवुड फ़िल्म में जैसे होता है, मैंने पहले आँख में कुछ गिर जाने का बहाना किया। फिर मेरी आँखों से पानी बहने लगा। मैं तकिये में मुँह छिपाकर रोई, कभी शीशे के सामने तो कभी पर्दों में और कभी शॉवर लेते समय—कभी-कभी चन्द बेख़बर क्षणों में कुछ लोगों के सामने भी रो पड़ी। वैसे मैं ऐसे पलों से बचकर ही चलती थी। हालाँकि अपने हिस्से का रोना तो जायज़ ही है, फिर भी मेरा यह विश्वास है कि जैसे शोक का उचित समय होता है उतना ही उससे झटके से बाहर निकलने का भी मतलब होता है। अपने ऊपर दया अन्तहीन अंधे

कुएँ के जैसी होती है। मैं अब इसमें से रेंग-रेंग कर बाहर निकल आई हूँ और सारे घर में भड़-भड़ करती इधर-उधर घूम रही हूँ, कंधे पे शॉल डाले 'आनन्द' के राजेश खन्ना की तरह। लगे हाथों दो सौवीं बार पतिदेव को समझाया कि तौलिए को कैसे सही सिरा ऊपर रखते हुए तह करना है। मैं अपने दुख से उबर चुकी हूँ ।

क्या मुझे दर्द होता है? (हाँ, क्यों नहीं! ऐसी बीमारी में तरह-तरह के दर्द साथ चले आते हैं। पर सही अर्थों में दिल टूटने और बिकनी पहनने से पहले की वैक्सिंग जितना दर्द नहीं होता।)

क्या मन में कहीं आशा है? (बड़ा मुश्किल है जवाब। लम्बा भी होगा। पति कहते हैं, "सबसे बुरा क्या हो सकता है वहाँ से शुरू करो।" मैं उनकी बात को अनसुना करने का बहाना करती हूँ।)

मैं अब ठाणे की एक बिल्डिंग के 19वें माले पर रह रही हूँ और अब मेरा दोस्त 'का' कौआ तो यहाँ नहीं आता (एक तो बांद्रा से इतनी लम्बी उड़ान ऊपर से रास्ते में हवाई जहाज की भीड़)। हाँ, नीचे की झोपड़पट्टी में एक पगला मुर्गा ज़रूर रहता है, जो दिन भर तेज बाँगें लगाता रहता है। थोड़ा शालीन होकर हम उसे 'क्रेज़ी रूस्टर' नाम दे सकते हैं। पहले तो सुबह होते ही उसकी दमदार बाँग सुनाई देती है फिर 10.30 बजे यह मुर्गा पूरे पड़ोस में शोर मचा देता है। फिर इन श्रीमान् की लाउडस्पीकर-सी आवाज़ दोपहर 1.21 पर आती है और फिर इनकी चिंघाड़ दोपहर 3.00 बजे सुनाई देती है। इस सिलसिले से पूरा दिन हराम होता है। निश्चय ही मुर्गे की शरीर में जो समय घड़ी है उसमें गड़बड़ी है। तभी मुझे अचानक याद आता है कि बसन्त का मौसम आ गया है और यह मेरा प्रिय मौसम है, पागलपन्थी और उम्मीद से भरा। मेरी दुख-सुख की साथिन, नेहा खुल्लर मुझसे मिलने आई हुई है। हम दोनों खिड़की पर खड़े ठाणे की धुँधली नीली झील को देखते रहते हैं। इस झील की स्थिरता से मुझे घबराहट होती है, मैं नेहा से कहती हूँ। किसी भी अच्छे दोस्त की तरह वह ध्यान से मेरी बात सुनती है और किसी भी अच्छे दोस्त की तरह मेरा मन बढ़ाने के लिए कोई जोक सुनाती है। मैं बेफ़िक्री से हँसती हूँ ।

भूरी-नीली पहाड़ियों के बीच सूरज छिपता है और चाँदी-सा चन्द्रमा पानी से उग आता है—किसी वॉटर कलर की जीवित तस्वीर जैसा।

हम दोनों ठूँसकर खाना खाते हैं, रात के अँधेरे में खिलखिलाकर हँसते रहते हैं और रात के 2 बजे चल रहे हाई वे ट्रेफिक को देख रहे होते हैं, कि तभी क्रेज़ी रूस्टर की बाँग सुनाई देती है।

हैरानी की बात है कि मैं साँस ले सकती हूँ, शोर मचाती चल सकती हूँ, मुर्गे की बाँग सुन सकती हूँ, पति को डाँट सकती हूँ, दोस्त के साथ हँस सकती हूँ और देख सकती हूँ प्रकृति के सौंदर्य को। कौन चिन्ता करे एक बेहतर भविष्य की। आज का बसन्त का यह दिन ही काफ़ी है। ज़िंदगी का एक दिन भी ज़िंदगी तो है ही।

3

स्तन माँ काली जैसे हो गए हैं

जो मेरे क़रीबी हैं वह इस बात को जानते हैं कि गरिमा की महीन-सी चादर के पीछे मैं हमेशा से ही बकवास करने वाली और अभद्र रही हूँ (मेरे पति इसे ठीक करते हुए एकदम बाज़ारू कहते हैं)। ख़ैर, क्या किया जा सकता है, मैं ऐसी ही हूँ।

अपने मन में, मैंने स्तनों को हमेशा ही 'बूब्स' कहा जो शरीर का एक हिस्सा है, जिसको शारीरिक आकर्षण, सुख और मस्ती के लिए बनाया गया है (मैं एक ऐसी औरत हूँ जो 'ओह लड़के क्लिवेज!' बोल सकती है, और आप पाएँगे कि मैं घटिया चुटकुलों पर अक्सर हँस देती हूँ।) मेरे लिए स्तनों का महत्व इससे ज़्यादा कभी नहीं था। जब मेरी कुछ दोस्त माँ बन गईं और फिर तस्वीरें खिंचवाते वक़्त जब उनके बच्चे अक्सर उनके स्तन पकड़ कर उनकी तस्वीरें ख़राब करने लग गए तब मैंने स्तनों को मातृत्व-सुख, सौम्यता और पोषण के प्रतीक के रूप में समझा।

अब मैं स्तनों को काली माँ के रूप में देखती हूँ, और मेरे स्तनों ने अब रौद्र रूप ले लिया है। ये मेरे शरीर का उपयोग करके घातक और भयानक होते जा रहे हैं। मेरा जीवन समाप्त करने की कोशिश कर रहे हैं और इन्हें किसी भी तरह रोका नहीं जा सकता है। शायद स्तनों को मजाक़ की वस्तु समझने, उनका उपहास करने, सुख के लिए उनका

उपयोग करने के हमारे सदियों पुराने रिवाज ने इन्हें ग़ुस्सैल लुटेरे में बदल दिया है।

काली के रूप वाले मेरे स्तन अपने हिस्से का सम्मान माँग रहे हैं। कौन जानता है, उसके बाद वह अपना उपद्रवी रूप बदल लें!

4

औरतें और स्कैन

कुछ दिन पहले जब मैं पीईटी सीटी (PET CT) स्कैन करवाने के लिए क़तार में लगी हुई थी, मैंने देखा कि चार और औरतें उसी क़तार में खड़ी थीं। वहाँ के कर्मचारी ने सभी के शरीरों में सुई चुभोई और सभी को बिल्कुल चुप रहने का आदेश देकर एक बहुत ही ठंडे कमरे में बंद कर दिया।

लेकिन जब इलाहाबाद, ग्वालियर, पुणे और हैदराबाद एक साथ इकट्ठा हो जाएँ तो कोई भी कर्मचारी उन्हें किसी भी तरीक़े से चुप नहीं करवा सकता है। हम में से उन लोगों ने जो उस विशाल मशीन से होकर पहले भी गुज़र चुके थे, नए लोगों का हौसला बढ़ाया। फिर हमारी बातचीत ट्यूमर से बालों के बढ़ने के तरीक़े से होते हुए स्वादिष्ट खाने से होकर अंत में सबके पसंदीदा विषय "साड़ी" पर जाकर ख़त्म हुई (अंततः सव्यसाची को संतोष महसूस होगा), उस दिन सुबह में शिफ़ॉन, प्रिंट वाले ज़ोर्जेट, कड़क सूती साड़ियों और मुलायम सिल्क की साड़ियाँ हमारे विषय थे।

अंततः वह समय आ गया जब वह विशाल मशीनें हम सभी को एक-एक करके अपने अंदर ले जाने के बाद हमारे बुरे भविष्य के साथ हमें बाहर निकालने लगीं। उस वक़्त हम सभी की आँखों में एक प्रकार की

चमक थी। मैंने उस गहरे गुलाबी जामदानी के बारे में सोचा जो मेरी माँ ने मेरे लिए कुछ दिन पहले ही 2018 के पूजा में पहनने के लिए ख़रीदा था। इंशाअल्लाह!

5

खुद्दार और दीवार

(अमिताभ बच्चन के बिना)

मैंने अस्पताल में कीमो करवाते, चैक अप का इंतज़ार करते और टैस्ट के लिए लाइन में लगते-लगते काफ़ी दोस्त बना लिए और हम घंटों इधर-उधर की गप्पें मारते रहते थे।

इन गपशप के दौरान मेरे कैंसर कॉमरेड अपने मोबाइल्स को दिखाते रहते थे। पहले तो मैं सोचती कि चमकीले, शाओमी फ़ोन का प्रदर्शन कर रहे हैं तो मैं तारीफ़ों के पुल बाँध देती। उनकी निराश-सी मुद्रा देखकर मैं चाइनीज मैन्यूफेक्चरिंग के बारे में एकाध अच्छा फिकरा बोल देती। फिर मुझे अहसास होता है कि वे मुझे कुछ और ही दिखा रहे होते थे। वह मुझे अपने कैंसर से पहले की फोटो और विडियो दिखा रहे होते। जब उनके लम्बे बाल, अगर पुरुष होते तो 'मात्र बाल' हुआ करते थे। जब वह लिपस्टिक लगाती थी—पुरुषों के मूँछे हुआ करती थी। (कुछ औरतों की भी होती है)। इन तस्वीरों में दिखता है कि वह कितने अच्छे, स्वस्थ और सक्रिय हुआ करते थे। मैं यही सोचती हूँ कि वास्तव में वह हतोत्साहित करने वाली ये तस्वीरें मुझे क्यों दिखाते हैं। वह अपने अतीत के उन पलों को दिखा रहे होते हैं जब वह समाज के उपयोगी अंग थे।

समय के साथ हमारी शारीरिक शक्ति कमजोर होती जाती है, हम

786

स्वयं अपनी देखभाल नहीं कर सकते। शीघ्र ही दुनिया हमें कमजोर, शारीरिक, भावनात्मक और पैसे के मामले में भिखारी के रूप में देखने लगती है। कुछ लोग हमें मन ही मन अपमानित मानने लगते हैं। कुछ इस तथ्य को मन में नहीं रखते। इससे हम यह तो स्वीकार कर लेते हैं कि हमें सहायता चाहिए। यह हमारे अहम् पर चोट तो है ही।

कदाचित इसलिए मेरे साथी अपनी तस्वीरें साथ रखते हैं। वो तस्वीरें जो किसी और जीवन की होती हैं। परिवार मस्ती में कहीं जा रहा है एक साथ। कोई व्यक्ति हँस रहा है पूरी बत्तीसी दिखाते हुए (अब तो मुँह में पाइप्स लगे दिखते हैं)। कोई औरत बच्चे के जन्मदिन की पार्टी में विश्वासपूर्ण अंदाज़ में मुस्कुराती हुई, जिसमें स्ट्रीमर्स और टेढ़ा-मेढ़ा केक है (खैर अब तो खाना बनाने और नहाने जैसे आम कामों के लिए भी दूसरों पर निर्भर है।) कोई पुरुष पहाड़ी पर धारीधार स्वेटर पहने अपनी पत्नी का हाथ पकड़े खड़ा है (वही हाथ अब उसकी व्हील चेयर को इधर-उधर ले जाते हैं)।

अपने सुन्दर अतीत और दुखियारे से वर्तमान की खाई को भरने के लिए मैं एक नया आइडिया देती हूँ। हॉस्पिटल वालों को हमारे ऊपर वह आई.डी. कार्ड लगाने चाहिए जिनमें हमारे अच्छे सक्रिय दिनों की फोटो हो। इससे हमें तो बेहतर लगेगा ही लोगों की सोच भी हमारे बारे में बेहतर हो सकेगी। औरों की तरह मुझे भी अपनी अक्षमता को स्वीकार करने में समय लगता है। मैं कुछ छोटे-मोटे काम जैसे कि बिल्स चुकाने, इन्श्योरेंस क्लेम भरने, कभी पुराने नाज़ नखरे दिखाने की कोशिश करती हूँ। मेरी कमजोरी देखकर देखभाल करने वाले परिजन कहते हैं कि मैं अपने आप से ज़िद क्यों करती हूँ (पति कहते हैं कि जिसके दाँत नहीं हों उसे स्टिक खाने की कोशिश नहीं करनी चाहिए)। मैं चिल्ला भी पड़ती हूँ कि मुझे उनकी दया नहीं चाहिए और मैं दिखा सकती हूँ, मैं कैसे सब कुछ कर सकती हूँ। स्पष्ट हो जाता है कि मैं अब औरों से बेहतर नहीं रह गई हूँ। अब मैं रिक्त हो चुकी हूँ, धनरहित और कुछ भी कर सकने में अक्षम।

अन्त में अपमान का घूँट पीते हुए मैं अपनी गलती मान लेती हूँ, विनम्रता दिखाती हूँ, आदि आदि। लेकिन इससे पहले आँखें चढ़ाते हुए यह ज़रूर कहती हूँ कि "मैं अभी-भी फेंके हुए पैसे नहीं उठाती।"

6

प्यार कर ले

मेरी नसों में अठारहवीं कीमो की दवाइयाँ दौड़ रही हैं लेकिन आज मेरा दिमाग़ किसी दूसरे ज़रूरी काम में अटका हुआ है, मसलन वैलेंटाइन डे। मुझे याद है कि अपने किशोरावस्था में मैं इसे लेकर कितनी उत्तेजित महसूस करती थी, और फिर बाद में भी यह पागलपन वैसे ही बना रहा। लेकिन आज मेरा दिल ज़ोर से गुनगुना रहा है! पुराने फ़िल्मी गाने की कुछ पंक्तियाँ (मैंने गाने की कोशिश भी की लेकिन दिन में मेरा ध्यान रखने वाली नर्स ने मुझे ऐसे घूरा कि मैं चुप हो गई)। मेरे प्रियजनों के लिए!

आज से अपना वादा रहा
हम मिलेंगे हर एक मोड़ पर
दिल की दुनिया बसाएँगे हम
ग़म की दुनिया का डर छोड़कर
जीने मरने की किसको पड़ी?
प्यार कर ले घड़ी दो घड़ी...

(अगर आपने यह गाना नहीं सुना है तो सुनिएगा, लेकिन मेरी सख़्त सलाह है कि बिना वीडियो के सुनिएगा!)

7

अपनी तारीफ़ का मौसम

एक बार की बात है, मेरे एक प्रेमी ने कहा था, "तुमसे पहले मैंने इतने गुलाबी होंठ किसी के नहीं देखे।" मैं अपनी तारीफ़ सुनकर इतरा उठी थी और गेहुँए रंग पर मुझे गर्व होने लगा। आईने ने मेरी तरफ रूखे होंठ, बेरंग, रंगत और बुझी हुई आँखें दिखाई।

"तो, अब मेरे पास क्या रह गया?" मैंने पूछा।

पतिदेव मुझे सहारा देते हुए कहते हैं, "ये बीमार इंसान का पीलापन है।" जब मैंने हमेशा की तरह उसको ठंडी निगाहों से घूरा तो वह फिर अपने मोबाइल गेम में लग गया। मुझे अनायास ही याद आती है अपनी मुस्कान और मैं मुस्कुराने लगती हूँ। इससे तो एक पूरा कमरा ही रोशन हो जाए। हाँ, इसकी चमक झाड़फानूस-सी तो नहीं होगी और कमरा भी ज़्यादा बड़ा नहीं होना चाहिए, और जब ऐसी मुस्कुराहट आपके साथ हो तो इतना पक्का है कि अँधेरे में टटोलना तो नहीं ही पड़ेगा।

8

औरतें बेहतर नेता क्यों होती हैं?

आज 8 मार्च है और मैं पति से बातचीत करने की कोशिश करते हुए कहती हूँ कि ऐसा क्या है जो औरतों को बेहतर नेता बनाता है। मेरा वाक्य आधा भी नहीं हुआ था कि वह कहने लगे कि डॉक्टर का कहना है कि मैं कम बोलूँगी तो जल्दी ठीक हो जाऊँगी। निराश होकर मैं अपने मन ही मन अपने आप से बातें करने लग गई। पर ऐसी अन्तरंग बातचीत में एक ही परेशानी है कि आप एक लीक पर नहीं रह पाते और एक से दूसरे विषय पर कूदते जाते हैं और जब तक आपको समझ में आता है आप न जाने कहाँ पहुँच जाते हैं। ऐसा ही मेरे साथ हुआ।

अब मैं सोच रही हूँ, कैसे नन्ही-नन्ही लड़कियाँ बड़ी हो जाती हैं। मुझे याद आ रही है अपनी दो ऐसी मित्रों की जिन्हें मैंने एक दशक में सफल, आत्मविश्वास से भरपूर, प्रतिभा सम्पन्न और सुरक्षित महिलाओं के रूप में बनते देखा। मुझे उलझे बालों वाली नरम स्वभाव की और आपको ख़ुश करने के लिए हमेशा तैयार रहने वाली अपनी कॉलेज की मित्र गरिमा बहल याद आ रही है, जिसके साथ मैं नशे में धुत्त होकर रातों को रूमानी गाने गाती थी और जो सड़क पार करते समय मेरा हाथ कसकर पकड़ लेती थी। अब गरिमा आत्मविश्वास से भरपूर सफल और काफ़ी लोकप्रिय बॉलीवुड कलाकार बन चुकी है। मेरी स्मृति दक्षिण

दिल्ली के एक पते पर पहुँच जाती है जिसके नाम से ही अच्छे अच्छों के दिल में दहशत हो जाए। मस्जिद मोठ (शायद मस्जिद मोड़ रहा होगा)। वहाँ रहती थी बहादुर और पाँच अंकों में कमाने वाली दीपाक्षी झा जो महा स्मार्ट, दिलचस्प और सजग रूप से रहनेवाली थी। जो सदा दोस्तों के दोस्तों को भी खाना खिलाती रहती थी। खैर, फिलहाल एक बढ़िया नौकरी के साथ बाज़ीगरी करते हुए वह यह सब अब भी करती रहती है। मैं इस समय उसको इसलिए याद कर रही हूँ, क्योंकि मेरी बीमारी के दौरान हम उनके घर में ख़ास समय में मिले थे और वो अपनी नौकरी आदि में व्यस्त रहती थी। मुझे यह देखकर आश्चर्य होता है कि कैसे उनके घर स्वतःचालित मोड यानी कि ऑटो पायलट पर चलते रहते थे। वह यह सब अपनी कठिन नौकरियों, नकचढ़े सास-ससुर और बच्चों वाले घर को चलाती हैं—ये तो नहीं कह सकती कि सुपर वुमन की तरह, क्योंकि वह करना भी सहज तो नहीं। यह महिलाएँ घर और नौकरी से जुड़े सम्बन्धों से प्रतिबद्ध रहते हुए हैं, ऊँचे-नीचे और निराशा से जूझती हुई अपनी जिम्मेदारियाँ कुशलतापूर्वक निभाती हैं। तेज दिमाग़, गहरी एकाग्रता, मेहनतकशी के साथ-साथ मुसीबतज़दा दोस्तों की सहायता करना, किसी टूटे दिल वाले अपने साथी की कहानी सुनना और सही समय पर सही राय देना इनके स्वभाव में होता है। दुख की बात है कि हमारे सामाजिक ढाँचे के चलते पुरुषों से उम्मीद की जाती है कि वह एक तरह से बर्ताव करें, जबकि महिलाएँ बहुत सारे आयामों से जूझती हैं। खैर, इस बात को भी बहुत ही महिलाएँ मौके में बदलकर अपनी और अपने आसपास के लोगों की तरक्की का माध्यम बन जाती हैं। अब मैं फिर विषय से हट रही हूँ।

इन दोनों दोस्तों के घर में, जहाँ मैं अपने आपसे बातचीत करते हुए समय बिताती हूँ, मैं उनकी हाउसकीपर, ड्राइवर, अन्य स्टॉफ़ और कभी-कभी उनके ऑफिस के साथियों से भी मिल पाती हूँ। सब काफ़ी ख़ुश और सन्तुष्ट नजर आते हैं। इनके अण्डे वाले से बात करते हुए मुझे पता चला कि कैसे मैडम ने उसे मुश्किल समय में उधार दिए और अब उनको

यह भी याद नहीं रहता कि कुछ मुफ्त सेवा भी लेनी है। शायद अपने अहं और कमाई को बचाए रखने के लिए एक और काम वाली ने धीरे से बताया कि दीदी ने उसे ज़रूरत के वक़्त पैसे तो दिये हैं ताकि वह घर की छत डलवा ले, उन्होंने उसे बर्तन भी दिये जिससे वह फौरन खाना भी पकाना शुरू कर सके। (वाह! क्या व्यवहारिक सहायता हुई!) ये तो कुछ ऐसे उदाहरण हैं जो मैंने स्वयं जाने। अनगिनत महिलाएँ घर में चूल्हा जलाये रखने के साथ-साथ आगे बढ़कर दूसरों के जीवन से भी जुड़ी रहती हैं।

और इसी में मुझे अपने प्रश्न का उत्तर भी मिलता है। महिलाएँ बेहतर सर्वांगीण नेतृत्व दे पाती हैं, क्योंकि उनकी कार्यक्षमता, दृढ़ता, रचनात्मकता, बुद्धि और कर्मठता में अपनापन भी जुड़ा रहता है। यह एक ऐसा सुनहरा सूत्र है जो उनको बहुआयामी जीवन की सम्पूर्णता और सुन्दरता से भरा रखता है।

महिला दिवस की बधाई!

9
ऋतुओं जैसी हो चलीं मेरी नसें

पिछले साल की लिम्फ नोड सर्जरी के बाद से मेरे बाएँ हाथ के बारे में यह घोषित कर दिया गया है कि उसमें न तो कुछ चुभाया जा सकता है न ही उसको काटा जा सकता है। अस्पताल जाने पर वह इस पर लाल रंग का बैंड बाँध देते हैं जिस पर लिखा होता है—"नो प्रोसीजर।'' बायाँ हाथ तो इस बात पर बड़ा प्रसन्न हो जाता है पर दाएँ हाथ का मुँह लटक जाता है, क्योंकि सारी चुभन उसी के हिस्से आएगी।

बेचारे दाएँ को हर हफ्ते खून के टेस्ट, रोज़-रोज़ के इन्जेक्शंस और 6 घंटे लम्बे कीमो के दौर से गुजरना पड़ता है। इसी डर से सारी नसें छुप जाने का निर्णय ले लेती हैं। पर इससे क्या होता है, दो तगड़ी नर्सें उन नसों को उभारने के लिए पूरी रणनीति तैयार कर लेती हैं। एक तो एक प्लास्टिक की रस्सी से हाथ को कस के बाँध देती है और दूसरी कलाई को जकड़ लेती है। फिर दोनों साथ मिलकर किसी दुराचारी की तरह हाथ पर चाँटे मारना शुरू कर देती हैं। नसें भी कुछ कम अक्ल नहीं रखतीं—वे खिसक कर चमड़ी में और अन्दर धँस जाती हैं। दोनों दलों के बीच अब ज़िद्दी वाला युद्ध आरम्भ हो जाता है और फिर तीसरी नर्स भी आ जुटती है। इस वाली ने धूप में बाल सफेद नहीं किये हैं, वह जानती है कि धर-पकड़ और चाँटों से हरदम काम नहीं चलता, न ही प्यार काम आता है।

एक लम्बी साँस लेते हुए यह नर्स अपनी तीसरी आँख को खोलती है और अपनी पाशविक वृत्तियों को इकट्ठा करते हुए सुई को कहीं भी घोंप देती है, वह भी पूरे आत्मविश्वास के साथ। आश्चर्य कि सुई सही निशाने पर लगती है। रक्त की बूँदें सीरिंज में खिंची चली आती हैं। खून देखकर तीनों चुड़ैलों को बड़ी प्रसन्नता होती है। वे आत्मतुष्टि से मुस्कुराती हैं और मन ही मन एक दूसरे को दाद देती हैं। इस सारी कवायद के बीच मैं शान्त भाव से छत का निरीक्षण करती रहती हूँ और देखती रहती हूँ कि कहीं एसी के वेन्ट में धूल तो नहीं। मेरी नसें बाद में अपना असली रंग मुझे दिखाती हैं। इस आक्रामक कार्यवाही के कुछ दिन बाद नसें ग्रीष्म ऋतु जैसी लाल

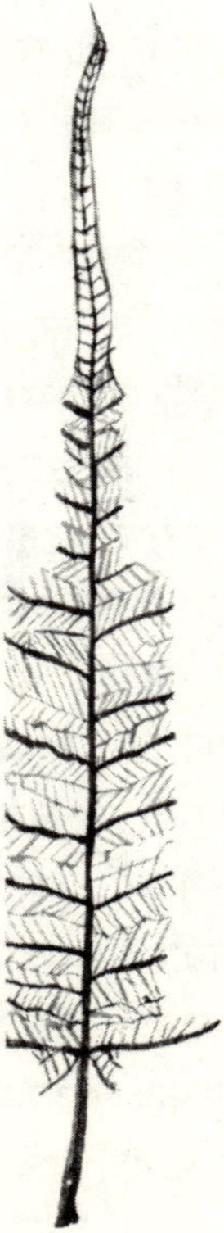

और गरम हो जाती हैं। मेरी बाँहों को जलाती रहती हैं। कोई छुए तो जैसे वे आग उगलने लगती हैं। कुछ दिन बाद वे उदास हो जाती हैं। भरी हुई और हरी-हरी, जैसे छूते ही फूट पड़ेंगी। कुछ और दिन गुजरते हैं और हरी नसें पतझड़ के पीलेपन में बदल जाती हैं और बाँह के अन्दरूनी हिस्से में पीले केसरिया रंग की झलक दिखने लगती है। इसके बाद घनी सर्दी की तरह वे सिकुड़ जाती हैं और धक्-धक् करने लगती हैं, जैसे कि उन्हें बर्फ़ के पैक और ठंडी जैल की ज़रूरत हो। यह सर्द मौसम कुछ दिन चलता है, फिर मैं कुछ समझूँ उससे पहले आफत की मारी नसें फिर स्वस्थ हो जाती हैं। अब वे ग्रीष्म की तपिश नहीं झेलतीं, न ही वर्षा ऋतु में टसुए बहाती हैं और न ही पतझड़ का पीत वर्ण कहीं दिखता है। बसन्त ऋतु में भरकर वे फिर से नए संघर्ष के लिए तैयार हो जाती हैं।

10

चरित्रहीन

जब शुरू-शुरू में मेरे बाल झड़ने शुरू हुए, तो मैंने उसको स्वीकार कर लिया। गंजे सिर ही घूमती रहती थी। मुझे ध्यान रखना चाहिए था कि मैं कोई लीजा रे नहीं कि ये सब चल जाए। मैं उबले अण्डे जैसी दिखती। मुझे आस-पड़ोस की आंटियाँ दया की नजर से देखती हैं। रास्ते चलते लोग रुककर देखने लगते हैं। बच्चों को मैं भूत-सी नजर आती हूँ और वह पुरुष जो बातें करते समय मेरे वक्षस्थल को घूरते रहते थे, अब वक्ष के साथ मेरे गंजे सिर को देखने लगते हैं। मैं भी परेशान हो जाती हूँ। फिर मैं जाकर एक पाँच अंकों की कीमत वाला विग खरीदती हूँ जो इंसान के बालों से बना है। पति को बताते समय मुझे याद है कि मैंने उन्हें एक अंक घटा कर कीमत बताई। वह ख़ुश नजर आए। उनकी दुनिया पुरानी-सी, परिचित और सस्ती चीजों वाली है। वैसी ही जैसे उनकी नाईट ड्रेस, घिसी हुई पीली पड़ चुकी सौ साल पुरानी है।

अब क्योंकि ये इंसान के बालों वाली विग है, इसके नखरे भी हैं। कभी तो यह मेरे सिर पर फिट रहता है, जैसे यह प्राकृतिक ही हो। कभी प्लास्टिक विग की तरह मेरे कानों के पास से लटक जाता है। गर्मी में जब मैं अपने आपको कूल दिखा रही होती हूँ तो गले के पास यह ख़ासा गर्म हो जाता है। उमस भरे मौसम में यह नए केक की तरह

फूलकर ऊपर उठ जाता है।

जब मेरा मन खराब होता है तो मैं इसे खिड़की के पास एक हुक पर टाँग देती हूँ। वहाँ यह विग टँगा रहता है, जैसे कि बड़े शांत स्वभाव का हो। मेरे प्रति दया दिखाता हवा में झूलता हुआ या बाहरी दुनिया को हसरत भरी निगाहों से देखता रहता है। शायद किसी और गंजे सिर की कामना में। कोई और जो ज़्यादा रोमांच दे सके, कोई गंजा फ़िल्मस्टार या ऐसा ही कोई और।

अच्छा होने पर मैं फिर विग को सिर पर धारण कर लेती हूँ ताकि दुनिया को ठीक दिखूँ। विग तो पहले-सा ही मुड़ा रहता है। बरसात में फिसलने लग जाता है। जब मैं बादलों को देखने के लिए सिर ऊपर करती हूँ तो मेरी विग का व्यवहार बड़ा जोखिम भरा होता है। मुझे यही डर लगता रहता है कि किसी दुश्मन की तरह यह सबके सामने मेरी पोल ही खोलकर रख देगा। खैर, ऐसा होता नहीं। जैसे ही मेरा इस पर विश्वास कुछ पक्का होता है बालों की दृष्टि से, तो किन्ही ख़ास दिनों में यह अस्थिर हो जाता है। चाहे मैं इसे कितना भी पुचकारूँ, यह और विद्रोही बनता जाता है। मैं इसके सनकी स्वभाव से समझौता कर लेती हूँ।

इसका चरित्र तो पूरी तरह से अनिश्चित है। कभी तो ये एकदम डण्डे-सा सीधा हो जाता है कभी सिकुड़ा-सा और प्राय: तो इन दोनों के बीच झूलता हुआ।

ओ मेरे विग! तू मेरी ही तरह है—ज़िद्दी, मस्तमौला, अविश्वसनीय और चरित्रहीन!

11

कैसे सपने देखता है कैंसर का मरीज़?

यदि मैं कहूँ कि मैं रास्ते में मिलने वाले अपने साथी कैंसर मरीज़ों के भयानक चेहरे सपने में देखती हूँ तो यह नाटकीय बात होगी।

मैं सपने में तरह-तरह के नजारे देखने की आदी थी और मुझे कई वर्षों तक लगातार ट्रेन, बस और प्लेन छूट जाने के सपने आया करते थे। इनमें जो हो रहा होता था सदा गड़बड़ होता था। मैं एक ट्रेन पर चढ़ने की हड़बड़ी में हूँ पर टिकट पर लिखे कोच नम्बर वाला कोच कहीं नहीं है या फिर मैं पसीने में लथपथ प्लेटफॉर्म पर भाग रही हूँ और उधर ट्रेन प्लेटफॉर्म से बाहर निकल चुकी है (मैं कोई करीना कपूर तो थी नहीं, न ही शाहरूख ख़ान जैसे किसी का हाथ प्यार से आगे बढ़ा। यह तो मेरा आत्मविश्वास था।) कई बार बेचैनी से छूटते हुए प्लेन का सपना देखती थी, मेरा सूटकेस बन्द ही नहीं होता था। या मेरा दोस्त बाथरूम चला गया है और साथ में मेरा बोर्डिंग पास भी ले गया है—और वह वापस नहीं आता। (शायद मेरे बोर्डिंग पास को उसने टॉयलेट पेपर की तरह उपयोग कर लिया होगा और उसे शर्मिन्दगी हो रही हो।)

पर वास्तव में ऐसा कुछ भी कभी नहीं हुआ। जब मैं जगी हुई होती हूँ तो सदा उन उबाऊ बंगाली यात्रियों जैसी हो जाती हूँ जो रात की यात्रा के लिए भरी दोपहरी में स्टेशन या एयरपोर्ट पर पहुँच जाया करते हैं। अपना

टिकट बार-बार चैक करते हैं। एक रात पहले कपड़े और सामान को लॉक कर देते हैं। बोर्डिंग पास को ऐसे सीने से लगाए रहते हैं जैसे कि वह पूर्वजों का खजाना हो। यहाँ पतिदेव बिन माँगी टिप्पणी करते हैं कि ये लोग 25 डिग्री तापमान वाली गर्मी में भी बन्दर टोपी लगाए ही घूमते हैं।

खैर, आगे बात करते हैं। मेरे कैंसर के इलाज को एक वर्ष हो चुका था, तो मैं फिर यात्राओं के सपने देखने लगी। पर इस बार मुझे एक करीब-करीब अनजाने से लक्ष्य की ओर जाना होता था, जहाँ मुझे कालिख भरे पानी से गुजरना होता था। इन सपनों में मुझे अनजाने रास्तों को ढूँढ़ते हुए या उखड़ी और खुदी हुई कीचड़ भरी सड़क पर चलना पड़ता था, जहाँ मिट्टी ही मिट्टी होती थी। ऊपर से अक्सर यह भी नहीं पता होता था कि जाना कहाँ है। ऐसे सपनों से मैं घबराकर उठती तो पर उलझन-सी ज़रूर होती थी। इसके अलावा इन सपनों में मेरे कुछ प्रियजन भी शामिल होते थे, तो फिर क्या चिन्ता करना। कम से कम मैं तो मस्त हूँ।

और फिर से दर्द से राहत के लिए डॉक्टरों ने मुझे मोर्फिन टेबलेट्स देनी शुरू कर दी। हालाँकि इस बारे में लिखित में कोई प्रमाण तो नहीं हैं पर कहते हैं कि नारकोटिक ड्रग्स से अजीब या मायावी से सपने आते हैं।

मुझे सपना आया कि मैं चमचमाते आकाश की पृष्ठभूमि में उठती कई फीट ऊँची गहरे हरे रंग की सिल्क जैसी लहरों को पार कर रही हूँ। तीस फीट नीचे अँधेरी एस्केलेटर से मँडराते नीचे जा रही हूँ और किसी जाने-पहचाने परिजन ने मेरा हाथ पकड़ रखा है। ब्रह्मांड जैसे विस्तृत घास के मैदान में साइकिल चला रही हूँ, जहाँ पीछे से किसी की तेज ख़ुशनुमा आवाज़ आ रही है—क्या तुम्हें सॉनिक आवाज़ें सुनाई दे रही हैं? मैं एक चरमराती बस की साइड में लटकी हुई हूँ, अँधेरी रात में चमगादड़ की तरह। अजनबी लोगों के बीच किसी अनजाने रास्ते पर, जहाँ ड्राइवर हमें रास्ते के बीच में उतार देता है, कुछ यात्रियों की आवाज़ आती हैं, जो अगर तुम इस हरे सागर को पार कर लोगे तो पाकिस्तान पहुँच जाओगे (मेरे ख़्याल से नरक पहुँच जाओगे)। इसी तरह के पागलपन भरे सपने।

पर सारे सपने इतने अँधेरे, इतने पागलपन भरे और इतनी अनजानी

जगहों के नहीं होते। अब देखो, उस रात मैंने देखा कि मेरे बॉस मेरे काम के बारे में फीड बैक दे रहे हैं कि मेरे काम की गुणवत्ता और गति दोनों ही तुरन्त बेहतर होनी चाहिए। मैं उठी तो काफ़ी ठीक महसूस कर रही थी। कई अच्छे दूसरे सपनों में मैं प्यारी-सी महफिल में बड़े ख़ुशनुमा, गर्मजोशी से भरे ग्लैमरस लोगों के साथ चाँदनी रात में बढ़िया क्वालिटी की व्हिस्की या बीयर पीते हुए रवीन्द्र संगीत गुनगुनाती हुई दिखती हूँ। जहाँ लहराते शब्द, लिबास और लहराते बाल होते हैं (मेरे सपनों में तो मेरे भी बाल होते हैं)।

पिछली रात मैंने अपनी एक बड़ी प्यारी, ख़ूबसूरत और खूब पैसे वाली मित्र निकिता को देखा। वह जब भी दिल्ली से जयपुर आती थी, आधा आम्रपाली ज्वेलर्स खरीद लेती थी। मैंने देखा कि हम दोनों साथ-साथ शॉपिंग कर रहे हैं और वह जो भी खरीदती है उसका दूसरा पीस मुझे मिलता जाता है। बस एक गलती हो गई कि इस सपने का जिक्र मैंने किसी दिन अपने पति से कर दिया। वह बोले कि उन्हें मेरे हरे समुन्दर के पार पाकिस्तान वाले सपने बेहतर लगे। उनके विचार से निकिता को आम्रपाली के अलावा अन्य चीजों के लिए जयपुर आना चाहिए।

12

प्यार का वक़्त

आज सैफौरा में आई शैडोज़ तलाश करते हुए मेरे दिमाग़ में एक लाईन बार-बार चल रही थी—'जब हम प्यार में होते हैं तो जीवन से भरपूर होते है।' किसी महान लेखक की ये पंक्तियाँ हैं जिसका नाम ज़ेहन में नहीं आ रहा। इधर मेरा एक पाँव केले के छिलके पर रखा हुआ है और दूसरा भगवान जाने कहाँ जा रहा है, ऐसे में मैं सोचती हूँ कि क्या यही सही समय नहीं कि हम अपने आप से प्यार करें? अपने आप से नहीं तो किसी भी तरह का प्यार? या फिर रंगीन सपने देखें? या कि अपनी ही मस्ती में रहें?

गोधूलि बेला में बालकनी में खड़े देख रही थी कि ठंडक पहुँचाने वाले तूफ़ान को आमंत्रित करते हुए आकाश कैसे धीरे-धीरे शर्बती पीले रंग में बदलता जा रहा था। तेज हवा एक चमचमाते गुलाबी पेपर बैग को ऊपर उड़ा लाती है जो चक्कर खाते हुए ऊपर और ऊपर आता जाता है—उन्नीसवीं मंजिल पर से ऊपर उठकर मेरी ओर। चिड़ियाँ झुंडों में तेजी से अपने घोंसलों की ओर जा रही हैं। कुछ ही मिनटों में पूरा आकाश किसी भूरे रंग के गुम्बद जैसा नीचे की तरफ घिर आता है और तेज बरसात शुरू हो जाती है। पास की कच्ची बस्ती के बच्चे नाचने लगते हैं। बरसात और उसकी चुलबुली हरकतों से मेरे मन में ठंडक-सी आने लगती है। मेरे दिल

की धड़कनें तेज हो जाती हैं। मैं अपने आपको रोकती हूँ। अन्तहीन कीमो थेरेपी और हर सुन्दर और दिलकश चीज के उजड़ते आलम में मुझमें सब्र और गम्भीरता होनी चाहिए। इसके बजाय मैं गुलाबी बैग की तरह हलका और उड़ता हुआ-सा महसूस कर रही हूँ। मुझसे जीवन जैसे उमड़ रहा है—दिल मेरा प्यार से लबरेज है।

आज सुबह : बरसात की हलकी महक और किसी भूले से सपने के अहसास के साथ मेरी नींद खुलती है। मैं अपने कम हो चुके बालों को कोशिश करके अपनी चमकती खोपड़ी पर जमाती हूँ और टैक्सी लेकर मॉल में दोस्तों से मिलने निकल पड़ती हूँ। पानी से भीगी गलियों में सुन्दर अजनबियों की भीड़ है, जिनमें गलबहियाँ डाले प्रेमी के जोड़े भी हैं। ऐसे में जैसे मौसम के इशारे पर 'लाइफ़ इन ए मैट्रो' फ़िल्म का गाना बजने लगता है—

"बेरंग-सी है बड़ी ज़िंदगी कुछ रंग तो भरूँ
मैं अपनी तन्हाई के वास्ते अब कुछ तो करूँ
जब मिले थोड़ी फुर्सत ख़ुद से कर ले मोहब्बत
इन दिनों दिल मेरा मुझसे है कह रहा
तू ख्वाब सजा, तू जी ले जरा
है तुझे भी इजाजत, कर ले तू भी मोहब्बत

प्यार करने का समय तो अभी है—चाहे ज़िंदगी टूटी-फूटी और उजड़ी हुई हो, भविष्य या बाल या दोनों ही नहीं हो तो भी यह प्यार करने का अच्छा वक़्त है। रंगीन सपने देखने का समय, ख़ुद को जीवन से भरी महसूस करने का समय यही है। चलो लाओ आई शैडोज़।

13

मेरे शुभचिन्तकों को मेरे लिए क्या लाना चाहिए?

मैं ख़ुद से प्यार करने वालों और दोस्तों के प्रति कृतज्ञ महसूस करती हूँ जो मेरे लिए अच्छी-अच्छी चीजें भेजते रहते हैं। पीले लिली के फूलों से कमरे में रंगत आती है, फलों की टोकरी से माँ का मूड बेहतर हो जाता है। एक सिल्क के स्टोल को (गर्मी में भी) मैं अपनी बाँहों के आसपास लपेट लेती हूँ और सुन्दर लगने लगती हूँ और डव का जो गिफ्ट हैम्पर है उसे खोलते ही पूरा कमरा एक चौथाई दूध की भीनी-भीनी ख़ुशबू से भर जाता है। जबसे मैंने अपने एक दोस्त को बताया कि मैंने गंभीर किताबें पढ़नी बन्द कर दी है, उसने बड़ी समझदारी से कॉस्मोपौलिटेन और फ़िल्मफेयर पत्रिकाओं का पुलिन्दा मुझे दिया है, जिसको मैं शुरू से अन्त तक चाट जाती हूँ। मुझे बेडरूम की बातों से लेकर तैमूर अली खान के एयरपोर्ट लुक के बारे में पूरी जानकारी रहती है। इस लाड़-प्यार भरे माहौल में मैं सोचती हूँ कि मैं अपने प्यारे दोस्तों से और क्या-क्या लाने को कह सकती हूँ।

1. एक धुंधला-सा अहसास : लम्बी बीमारी में आपकी आत्मा बेजान-सी हो जाती है। हर हफ़्ता सुइयों का सिलसिला, अस्पताल के रंग,

मुँह की कड़वाहट, साथी कैंसर मरीज़ों की सूनी आँखें...सब मिलकर दिल में थकन भर देती हैं। इसके बदले मैं हर उस चीज को पसन्द करने लगी हूँ जिससे मुझे गर्मजोशी और हल्कापन मिलता हो। मेरे दोस्तों के बच्चों की गूँ-गूँ करती आवाज़ें, हवा में थूक भरे गुब्बारे उड़ाना, अपने हाथों और पैरों को मुँह में ठूँसने की कोशिश, मुँह खोलकर अपनी गुलाबी नई-नई जीभ दिखाना, मेरे दिल को अन्दर तक ख़ुशनुमा अहसास से भर देते हैं। यही नहीं कई काँटों जैसी चुभन वाले दिनों में गंदे कुत्ते अपने जब हँसते से बयालीस दाँतों को दिखाकर उलटी-पुलटी हरकतें करते हैं तो मुझे उससे भी ख़ुशी होती है।

2. दिलचस्प बच्चों की कला : हालाँकि आड़े-टेढ़े लेटे असहाय बच्चों में मेरी रुचि अभी हाल में ही हुई है, भागते-दौड़ते, सीधे बच्चों से मुझे सदा से प्यार था। मुझे ऐसे बच्चे सदा से अच्छे लगते हैं जो भागादौड़ी कर सकते हों, गाँव में खो जाने पर अपना नाम बता सकते हों, भूख लगने पर खाना माँग सकते हों और बता सकते हों कहाँ दर्द हो रहा है। ऐसे बच्चे प्यारे लगते हैं, ख़ासकर इसलिए कि वह आपके साथ घर नहीं आते। अपने दोस्तों या रिश्तेदारों के बच्चों की बनाई कलाकारी को देखकर मैं उनकी मौसी या टीचर की तरह गर्व से भर उठती हूँ। छोटे ईशान की क्रेयान ड्राइंग्स पर मैं ख़ासा ध्यान देती हूँ, यह देखने को कि गर्मी के मारे सूरज ने एक आँख बन्द कर ली है और क्या वाकई हमारा दिल गुब्बारे जैसा है, नन्हे क्रेयान की उत्साह भरी कहानी में तो मैं पूरी तरह गुम हो जाती हूँ जिसमें वह वर्णन करता है किसी बहुत बड़े राक्षस का। यह सिलसिला कभी खत्म न हो।

3. आओ मुझे कुछ सपने बेचो : मैं कभी भी सपनों की ज़्यादा हिमायती नहीं थी और सदा ही अपनी ज़मीनी समझ के लिए स्वयं को दाद देती रही हूँ। पर अब जब मैं पन्द्रह मिनट से ज़्यादा चलकर थक जाती हूँ, मेरी वाकई इच्छा होती है कि कोई मुझे जैसलमेर का ऐसा रोड ट्रिप बताए जिसमें हम ऊबड़-खाबड़ सड़क पर चलते-चलते किसी गलत मोड़ से ऐसे जंगल में पहुँच जाएँ जहाँ से कहीं नहीं जाया जा सके। मेरा एकाकी

मन हसरत से भर उठता है। हरे रेशम जैसे पानी पर जैसे हरे सिल्क पर फिसल रहे हों, जहाँ किसी आती-जाती खिड़की से लाल गुलाबी चमकती हो और ऐसे में मेरे दिल में खिल उठें हजारों फूलों के रंग! जब मैं अपने किसी हमपेशा साथी को फ़ोन करती हूँ और पता चलता है कि वह सब बाहर खाना खाने जा रहे हैं तो मैं भी सपना देखने लगती हूँ कि पास के बिरयानी वाले की ओर हम सब जा रहे हैं, किसी जोक पर हँसते हुए अपने हैंडबैग को मैं अपने कंधे पर डालकर हील्स खटखटाती मैं भी उनके साथ जा रही हूँ । पहले से कहीं ज़्यादा मुझे कल्पना का संसार प्यारा लगने लगा है।

4. मुझे कोई अच्छी कहानी सुनाओ : मुझे कहानियों का बड़ा शौक रहा है। जब मैं खिड़की के बाहर देखती आहें नहीं भर रही होती हूँ तो माँ मुझे लाइब्रेरी की मोटी-सी किताब से समकालीन बांग्ला कहानी पढ़कर सुनाती हैं। इनमें अधूरे प्यार की, अचम्भित करने वाले पारिवारिक ड्रामों की, प्यार में किये अपराधों और अतार्किक से तथ्यों की कहानियाँ होती हैं। मैं उनके हिलते होंठों से निकलते शब्दों को ध्यान से देखती रहती हूँ कि मुझसे कुछ छूट ना जाए। इन नाटकीय कहानियों में मैं एकदम बीचोबीच खड़ी होकर गिरे-पड़े लोगों के लिए लड़ती हूँ, हारे लोगों के लिए आँसू बहाती हूँ, जब कहानी खत्म होती है तो माँ के साथ नि:श्वास छोड़ती हूँ कि अरे, कहानी का तो अन्त आ गया। इसलिए यदि आपके पास सुनाने को कोई कहानी हो तो मैं पूरी तरह तैयार हूँ।

5. माछेर झोल : मन से मैं 'हंगला भेटो बंगाली' (लालची, चावल भक्षी बंगाली) हूँ जो सदा अच्छी फिश करी के लिए तरसता रहता है। मेरी पिछली सर्जरी के बाद मेरा एक मित्र सीधे बाजार गया, मछली खरीद कर उसे पकाया और एक सौ पचास किलोमीटर की ड्राइविंग कर मेरे लिए गर्मागर्म पबड़ा झोल लाया—साथ में तली हुई रूई मछली। रास्ते में सहेज कर लाई गई इस डिश की एक-एक बूँद ने मेरी आत्मा को अन्दर तक तृप्त कर दिया। उस दोपहर की स्मृति अभी भी मेरे ज़ेहन में है। उनींदे से और पूरे भरे पेट के साथ सर्जरी की जलालत को भूल हम दोनों सुदूर घने

होते बादलों को देखते हुए पूरी दोपहरी गप्पें मारते रहे।

जब मेरी सूची खत्म हो रही है तो पतिदेव बोले, "तुम एक सबसे महत्वपूर्ण चीज तो भूल ही गई।" मैंने जब आश्चर्य से उनकी ओर देखा तो वह बोले, "पैसे, सबसे कहो कि फ़िश करी, सपने और और जो भी वह लाना चाहते हों उसके साथ थोड़ा पैसा भी लाया करें।"

आपकी बात दर्ज कर ली है सर।

14

प्यार : 0, दोस्ती : 1

किशोर कुमार के गीतों की मेरी सूची 'रिमझिम घिरे सावन' जैसे मधुर गीत के साथ जीवन्त हो उठती है और वैसे तो बाहर नीला आसमान चमक रहा है, मैं स्वप्निल आँखों में दूर कहीं खिड़की पर झमाझम बरसते पानी, किसी के कांधे पर झुके सिर, दिल जो प्यार से लबरेज हो और आँखों में यह विश्वास कि सब कुछ सदा ऐसे ही रहेगा। कोई खिड़की, कोई गीत, सदा चलती घंटों की उल्टी गिनती और सदा का अधूरापन!

अक्सर लोग अपनी पूरी ज़िंदगी एक ऐसी मोहब्बत की खोज में गुजार देते हैं जो सदा उनकी पहुँच से बाहर ही रहती है। ऐसे अहसास की तलाश में दोस्तों के प्यार को बिल्कुल भूल जाते हैं। प्यार अपने ऐतिहासिकता और नाटकीयता के चलते जिस तरह हमारे दिलो दिमाग़ और हारमोन्स में तबाही लाता है और जिस तरह प्यार के लिए यह फिक्र बनी रहती है कि यह कहीं खत्म न हो जाए, प्यार को सदा ऊँचे दर्जे की भावना का दर्जा दिया जाता रहा है, जबकि दोस्ती छोटी धारा की तरह चुपचाप बहती रहती है।

पिछले कुछ हफ्तों में बार-बार चढ़ते बुखार के बीच दर्द और बिस्तर से चिपके दिनों के बीच मेरी सबसे प्रिय दोस्तों ने आने का कार्यक्रम बनाया। वे अपने साथ पेट को सन्तुष्टि देने के लिए भोजन और आत्मा

की तुष्टि के लिए अपने साथ गोमेद मणि की शक्ति लेकर आईं। सबसे पहले तो इन लड़कियों ने अपनी धमाकेदार जोश के साथ मेरी उदासी को झकझोरते हुए मुझे शोख रंगों की लिपस्टिक से सजाया और शनिवार की रात मुझे उस पब में खींच ले गईं जो मेरे लिए कभी पीने-पिलाने का अड्डा हुआ करता था। अटपटा महसूस करने के बजाय मैं बहुत ख़ुश हॉट-चॉकलेट पीते हुए ओल्ड रॉक साँग सुनती रही और पीते-पिलाते, नाचते, मस्ती करते सुन्दर लोगों को देखती रही और फिर जब उन फैन्सी बिना बैकरेस्ट वाली बेंच पर बैठे-बैठे मेरी पीठ दुखने लगी तो मेरी एक दोस्त ने अपनी पीठ का सहारा दिया और दूसरी ने क्या ही स्वर्गिक मालिश की मेरी पीठ की।

फिर आए वे लड़के जो मेरे मित्र थे। एकदम पहले की तरह मुझे द डूडेट पुकारते हुए जो अपने मज़ेदार जोक्स और ठहाकों के बीच भावुकताभरी निगाहों से मुझे देखे जा रहे थे। वह मुझे फिर एक ड्राइव पर ले गए और पास की झील पर हमने *ज़िंदगी ना मिलेगी दोबारा* वाले पल गुजारे। हमने बीती ज़िंदगी को दोहराया।

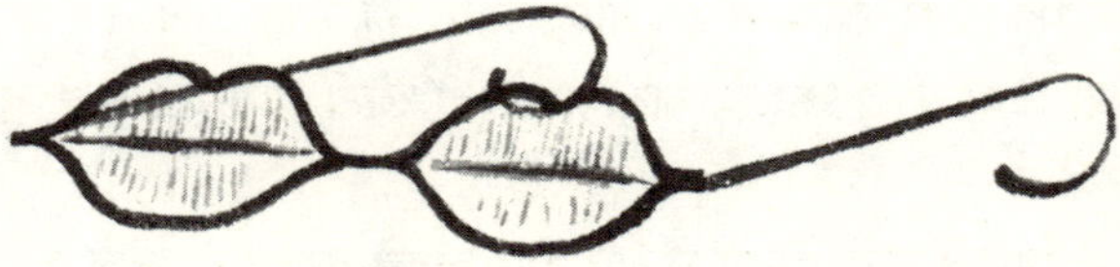

Experiments with Simple Living & High Thinking

हमारे बीच का मौन, पानी की छलछलाहट और हवा की सरसराहट से टूटता रहा। अब बुरा लग रहा है कि बेकार ही मैंने उनका ध्यान बँटा दिया और दिखाया कि कैसे सिक्स एब्स वाला एक नंग-धड़ंग मछुआरा साबुन से मल-मल कर नहा रहा था और जैसा कि पुरुषों का स्वभाव होता है उन सबका ध्यान उधर ही मुड़ गया।

वह वापिस मुझे घर छोड़ने आए, इसके बाद मैंने अपनी लिपस्टिक, कंघी, सन ग्लासेज़ को केस में बन्द किया और अपने बीमारी वाले बिस्तर में जा घुसी और रस्किन बॉन्ड की किताब 'सिंपल लिविंग' का 63वाँ पन्ना खोला, इसमें लिखा था—

"दुनिया में कुछ भी सुखद ढंग से समाप्त नहीं होता, पर अगर आप अपने एकाकीपन को स्वीकार कर लें तो तुरन्त एक अच्छा दोस्त पाने की संभावना बढ़ जाती हैं और दोस्ती भी प्यार ही होता है।"

15

गिद्ध चारों तरफ

घनघोर बारिश में घर में फँसे रहने के दौरान मैंने टॉमसन रॉयटर का वह सर्वेक्षण रपट पढ़ा जिसमें अफ़गानिस्तान, सीरिया और सउदी अरब से भी ज़्यादा भारत को औरतों के लिए सबसे ख़तरनाक देश बताया गया है। ऐसा लग रहा है कि मधुमक्खी के छत्ते को किसी ने छेड़ दिया है, क्योंकि हर वह व्यक्ति जिसकी कुछ भी हैसियत है इस रिपोर्ट को खारिज कर रहा है और इनके अनुसार यह रिपोर्ट डराने वाली और सनसनीखेज़ है। रिपोर्ट को खारिज करने वालों ने चिल्ला-चिल्लाकर अपना गला बैठा लिया है कि यह हमें उन देशों से, जहाँ औरतों को बोलने, ड्राइव करने और सामाजिक जीवन में भागीदारी का भी अधिकार नहीं, इस सूची में ऊपर नहीं हो सकते।

दरअसल, कहने का मतलब है भारत इस दिशा में काफ़ी आगे बढ़ चुका है। भारतीय महिलाओं की रेटिंग पहले की संकटग्रस्त श्रेणी से नीचे लाकर 'असुरक्षित' श्रेणी में कर देनी चाहिए। असुरक्षित से भयानक बलात्कार, छेड़छाड़, लगातार होता औरतों का व्यापार, मार पिटाई, बदले में नंगा किया जाना, जला दिया जाना, हलका-सा छूना, अजीब तरह के सैक्सुअल अत्याचार आदि तो होते रहते हैं, तो फिर हमें औरतों के लिए असुरक्षित देश क्यों माना जा रहा है। अनायास मुझे याद आता है हॉस्पिटल

में की गई मेरी शुरू की बायोप्सीज़। बायोप्सी के बाद कुछ मीठी-मीठी बातों के बीच अधेड़ से डॉक्टर ने मेरे माथे, नाक और गालों पर अँगुली फिराते हुए कहा था, तुम बड़ी सुन्दर लड़की हो। तुम मुझे व्हाट्सअप करना ताकि मैं तुम्हें इस दौर से गुजरने में सहायता कर सकूँ।

मैं पीठ के बल चेहरा सामने करके लेटी हुई थी और मुझे सबसे पहला विचार तो यही आया कि उसके मुँह पर थूक दूँ। फिर सोचा चुप ही रहो, जाने दो। अक्सर यही होता है। ज्ञानी लोग कहेंगे यह भ्रम में डालनेवाली घटना है, इसे यंत्रणा की श्रेणी में नहीं रखा जा सकता। निश्चित रूप से इतनी-सी बात से देश को औरतों के लिए असुरक्षित तो नहीं ही कहा जा सकता।

कई मौकों पर जब मेरा निरीक्षण हो रहा था, मैंने वार्ड बॉयज़, अटैंडेंट्स और मरीज़ों के तीमारदार पुरुषों को पर्दे के बीच हलके से छेद से या अचानक दरवाज़ा के खुलने पर झाँकते हुए देखा है। मुझे आश्चर्य

होता है कि कैसे लोग हैं यह जो कैंसर के मरीज़ों को देखकर उत्तेजित हो जाते हैं।

अब मैं निर्जन पड़ी ज़मीन पर हो रही बरसात को देख रही हूँ। मेरे ज़ेहन में उन गिद्धों का ख़्याल आता है जिनकी सूँघने की शक्ति बहुत तेज होती है। वह गंध जिनके माध्यम से वह बीमारों, घायल और मरे हुए लोगों को ढूँढ़ लेते हैं। गंध जो उन्हें उत्तेजित करती है। बेसहारा शिकारों की गंध!

हाँ, सही भी है कि हमें महिलाओं के लिए असुरक्षित देश बताया जाना, राष्ट्र के सम्मान, हमारे सभ्य, सशक्त देश की सामूहिक अंतरात्मा पर धब्बा है। अगली बार शोधकर्ताओं को अपने शोध में यह साफ़-साफ़ लिखना चाहिए—'शोध में पता चला है कि भारतीय पुरुष दुनिया में सबसे ख़तरनाक हैं।'

16

चाहिए एक नुस्ख़ा सर्वाइवर्स क्लब के लिए

हाल ही में कैंसर सम्बन्धी ब्लॉग पर किसी को इस बात की शिकायत थी कि जो इस बीमारी से बच जाते हैं उनके लिए सर्वाइवर्स शब्द का इस्तेमाल क्यों होता है। ये सज्जन बड़ी तुर्शी से, विरोधी स्वर में कह रहे थे कि क्यों नहीं हृदय रोग या डायबिटिज़ के रोगियों को भी सर्वाइवर कहा जाता? मेरे ख़्याल से सर्वाइवर वे होते हैं जो ख़तरनाक दौर को पार कर पाते हैं। जैसे कि वह लोग जो बलात्कार, एसिड अटैक, कैंसर या कि भयंकर तूफ़ान से निकले हों। हालाँकि हृदयाघात और डायबिटिज़ जीवन के लिए ख़तरा तो होते हैं पर भयानक आपदा की श्रेणी से जुड़ी नाटकीयता इनमें नहीं होती।

खैर, मैं स्वयं सर्वाइवर शब्द से ग़ुरेज़ करती हूँ। इसमें थोथेपन का अहसास होता है। जैसे किसी ने आपके अन्दर से सब कुछ निकाल दिया हो और जैसे-तैसे ज़िंदगी जीने को छोड़ दिया हो। जरा सोचें, तूफ़ान से कौन सबसे ज़्यादा प्रभावित होता है, वह जो तूफ़ान में उड़ जाता है, या वह जो अपने दर्द को किसी तरह सहता है और जिसके दुख के सभी साक्षी होते हैं। साथ ही जिसका महिमा मंडन भी होता है कि हाँ, इस पर आपदा पड़ी है या फिर वो जो ईश्वर कृपा से जीवित नहीं रहता है। क्या सर्वाइवर वह है जो हादसे में बाल-बाल बच गया या फिर वह जो नहीं

बचा? क्या वह है सर्वाइवर जो तूफ़ान से लड़ते हुए अपने संघर्ष की कथा सुनाने के लिए रह गया।

वैसे तूफ़ान से बच निकलने का आपको क्या पुरस्कार मिलेगा? सर्वाइवर क्लब की सदस्यता? जहाँ आप किसी आधे-अधूरे कड़वी सच्चाई पर चीनी चढ़ा कर लोगों के सामने पेश करते हैं यह कहते हुए कि कोई चारा तो नहीं था फिर भी कठिन संघर्ष किया। कि स्वर्ग ने तो आपको नकार दिया और नरक ने अभी भी आपको शिकंजे में जकड़ा हुआ है।

वैसे अपनी जिजीविषा की कहानी पेश करके, रोज़ प्रचार करके, किसी तरह उसकी सार्थकता दिखा कर आपको क्या मिलेगा? टेड टॉक्स? भय से आँखें फाड़े रोमांचित आपके श्रोता शायद एकाध आँसू पोछेंगे फिर आपके लिए मन में प्रशंसा का भाव लिए अपनी रोज़मर्रा की ज़िंदगी में लौट जाएँगे। अन्दर ही अन्दर चैन की साँस लेते हुए कि न तो उनको बीमारी है और न सर्वाइवर हैं। दूसरी ओर आप अपनी तिरस्कृत, ख़ामोश, दर्द भरी ज़िंदगी में वापस लौट जाते हैं अपने खो चुके जीवन या खो चुके अंग को स्वीकार भाव से जीते हुए। इस क्लब की सदस्यता के इतने ही फायदे हैं।

शायद ये क्लब पुराने जमाने के चर्चित रहे हों जो नैतिक विज्ञान की किताबों से निकला था। कठिन समय में जुझारूपन, दूसरों के लिए उदाहरण बन पाना और बड़े-बड़े अक्षरों में किये गए युद्धघोष की तरह कि "जो तुम नहीं कर सकते हो उसे छोड़ दो और वही करो जो तुम कर सकते हो" जैसा कुछ।

पर यह भावना ज़्यादा देर चल नहीं पाती। हमें इससे बेहतर प्रोत्साहन चाहिए। ज़िंदगी से हमें कुछ और ही मुआवज़ा अपेक्षित है। हमें सर्वाइवर क्लब को नई परिभाषा देनी होगी ताकि यह इतना उदासी भरा न लगे। जीवन्तता भरी बातों से परे कुछ बढ़िया चीजें तो हो—जैसे पैसा, फ्री सेक्स, कोई आनन्ददायक बुराई, कुछ ऐसा जो झटका दे। चमत्कारी और निराला! सर्वाइवर के लिऐ करोड़ों की लॉटरी पर भी सोचा जा सकता है।

फ़्री मेडिकल सपोर्ट के साथ दुनिया की सैर, डिकेडेंट पार्टीज़! सर्वाइवर में जो जोश भर दे। यानी सब कुछ।

आइए लबालब भर जाते हैं, एक बार ही सही।

17

आज रात मैं ख़ास दोस्त से कहना चाहती हूँ

पहले वे मुझे लुभावने डिनर और डांस के लिए ले जाते हैं। फिर तारों से भरी रात में लम्बी बातें करते हैं। फिर वे मेरे साथ ज़िंदगी को लेकर असम्भव और लंबी-चौड़ी योजनाएँ बनाते हैं।

कैंसर के आक्रमण के बाद भी रोमांस की कुछ बूँदें शेष रह गईं। ठीक होने के बाद के उत्साह भरे सपनों की बातें होती हैं। उनके दिल या जाँघों में अब भी प्यार बाकी है और मुझे वह मिलता रहता है।

फिर भी लम्बी बीमारी के बाद वे लोग मुझे भूल जाते हैं। अब यानी पूरी लाभ हानि को जाँचने के बाद मैं मुख्य धारा से काट दी जाती हूँ। रोज़मर्रा की ज़िंदगी में मेरी भागीदारी नहीं रह पाती। इसीलिए जीवन की उठापटक ख़ुशियाँ, दुख, सैक्सीपन और रोज़मर्रा की बातें। अब मेरा आकर्षण घट चला है। अब इस तरफ की कोई लंबी योजना भी सार्थक नहीं।

मुझे एकदम नकारा तो नहीं गया पर भागीदारी कम हो गई है। (वे सब भगवान से डरने वाले लोग हैं जो कर्मफल को मानते हैं। स्मृतियाँ और स्नेह दो अलग-अलग चीजें हैं। काफ़ी चतुर हैं ये लोग और ये जानते हैं कि इन चीजों की सुनवाई किसी और बड़ी अदालत में नहीं होती) तो इसीलिए ये लोग मेरे साथ स्वास्थ्य पर बातचीत करते हैं। ये मुझे सलाह

देते हैं कि मुझे अब अपनी बीमारी के अनुसार काम हाथ में लेना चाहिए। "अन्य बीमारों या रिटायर्ड लोगों के साथ रहो", "सहायता समूह से जुड़ो", "कैंसर के लिए संघर्ष", "ध्यान लगाओ" आदि। (या शान्ति के लिए ग्लास पर पेन्ट करो) संदेश स्पष्ट है कि कुण्डली मार लो, आधी बेहोशी का आलम बनाए रखो।

पर मेरे दिल में जो आग धधक रही है मैं उसका क्या करूँ?

मुझे अपनी एक कई साल पुरानी दोस्त से लम्बी बातचीत का ध्यान आता है। मैं उससे कहती थी कि प्यार दुनिया का सबसे पुराना और सबसे छद्म व्यापार है। वह मुझसे कहती थी कि तिरस्कार पाने पर मैं दुखी नहीं होती। बसन्त का मौसम मुझमें हसरतें पैदा नहीं करता। कविता की पंक्तियों पर मैं भावुक नहीं होती। मैं अपने प्रेमियों के पीछे-पीछे नहीं चली। मैं बहुत

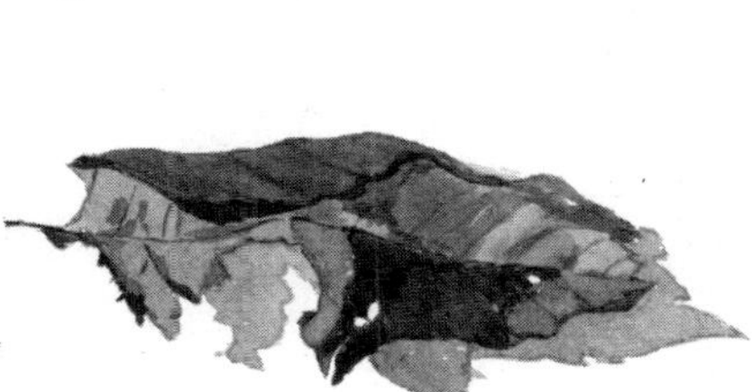

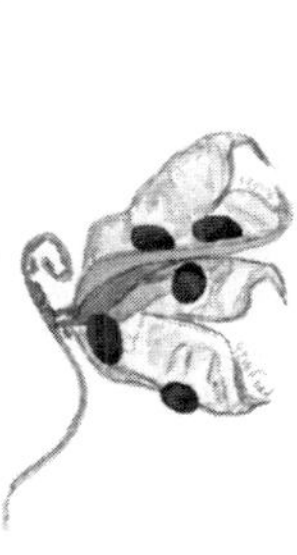

कठोर हो चली हूँ। अक्सर हाथ पर हाथ रखे इंतज़ार करती रही हूँ कि या तो मेरा प्रेमी वापस आ जाए या जाए भाड़ में। वह मुझे दोष देते हुए धीरे से कहती है, "तुम अब किसी देवी की तरह हो गई हो। चतुर और खून की प्यासी, शान्त और सबसे अलग-थलग रहनेवाली।"

आज मैं अपनी दोस्त से कहना चाहती हूँ कि मैं कोई देवी नहीं।

आज मेरा दिल टूटा हुआ है, क्योंकि दुनिया मुझे पीछे छोड़ आगे निकल गई है। आज मैं अकेले बैठे अपने घावों को सहला रही हूँ।

आज मैं नेरूदा की सबसे उदास पंक्तियों के बारे में सोच रही हूँ ।

18

पति और बातचीत

हालाँकि मैं इस विषय को 'पतियों और बातचीत' नाम देना चाहती थी पर फिलहाल यह एकवचन ही ठीक रहेगा। जब मेरा मुम्बई में इलाज चल रहा था और क्योंकि पतिदेव का घर जयपुर में था इसलिए हम दोनों काफ़ी दूर रहते थे, जिसके चलते हमारे सम्बन्ध काफ़ी अच्छे रहे। हम फ़ोन पर ख़ासी लम्बी बातचीत करते रहते थे जो रोज़मर्रा के विषयों से अलग होते, जैसे कि मेरी शर्ट प्रेस कर दो, मेरा पर्स ढूँढ़ दो, खाना दो, पानी लाओ, फ़ोन देना, लाइट जलाना, ए.सी. बुझाना, ए.सी. चलाना, बत्ती बुझाना... से हट कर होता था।

घर-बार की उबाऊ बातों से दूर हम कई नए विषयों पर बात करते थे, जिनके दौरान वह मेरे आसपास ज्ञान के मोती बिखेरते रहते थे जिनमें से मैं कुछ चुन भी पाती थी।

ईश्वर सम्बन्धी : मैं उन्हें बताती कि कैसे मेरे पास ढेरों सुझाव आते रहते हैं कि किन धार्मिक अनुष्ठानों से मैं स्वस्थ हो सकती हूँ। इन सुझावों की कड़ी में महामृत्युंजय मंत्र का जाप, बृहस्पतिवार को काले कुत्तों को खाना देना, गायों को रोटी खिलाना (सभी दिन), भगवानों के सुनिश्चित दिन मेरा व्रत करना आदि शामिल थे। स्पष्ट है कि यह सब भगवान को प्रसन्न रखने और उनके क्रोध से डरे रहने से जुड़े थे।

पति कहते कि ईश्वर यदि इस जगत का निर्माता है और सर्वशक्तिमान है तो हमें छोटी-छोटी बातों से खुशियाँ ग्रहण करनी चाहिए और कभी हम भक्तों द्वारा मंगलवार को अंडा खा लेने पर उसके गुस्सा हो जाने जैसी तुच्छ बातों में नहीं पड़ना चाहिए। ईश्वर इन सबसे परे है, यह सोचने वाली बात है।

मृत्यु के बारे में, अपनी दूर से निभाए जा रहे रिश्ते में हम मृत्यु जैसे बेस्वाद विषयों पर शायद ही कभी बात करते हैं। मैं उन्हें बताती हूँ कि वैसे यह विचार मुझे ज़्यादा अच्छा तो नहीं लगता पर मैं मरने से डरती नहीं हूँ। हम मज़ेदार फ़िल्मों की बातें करते हैं, जैसे कि हैंग ओवर टू, थ्री इडियट्स, जिसमें किसी व्यक्ति की डिब्बाबन्द अस्थि पर काफ़ी मजाक़ चलता है, पति कहते हैं कि शायद मृत्यु के प्रति यह दृष्टिकोण ही सही हो। हर व्यक्ति जो इस दुनिया में आया है वह चाहे महत्वपूर्ण हो या साधारण, अमीर हो या गरीब हो, वो जिसके पास ढेर सारे रिश्तों की भरमार हो या फिर मात्र एक बिल्ली ही उनकी साथी हो, सभी का अन्त एक डिब्बे में बन्द राख के रूप में होता है। इसका कोई अपवाद नहीं है।

प्यार के बारे में : "हम सब अलग-अलग तरीकों से प्यार का इजहार करते हैं। अगर मेरा प्यार का तरीका तुमसे अलग है तो इसका यह अर्थ नहीं कि मैं तुम्हें नहीं चाहता", पति कहते हैं। मैं समझदारी से सिर हिलाते हुए विचारों में डूब कर कहती हूँ, "हाँ, यह वैसे ही है जैसे कि किसी का प्यार का इजहार किसी और के लिए पोर्न हो सकता है।" इस बात पर वह फ़ोन बन्द कर देते हैं। पता नहीं क्यों?

फिर प्यार की बात : हम सब अन्दर से गहरे रूमानी होते हैं तो जो भी प्यार का आदान-प्रदान (या आदान-प्रदान न होना) हम करते हैं वह इसी रूमानियत का इजहार ही होता है। असली प्यार इससे गहरा होता है। उसमें ज़्यादा निरंतरता होती है। यह प्यार कम मधुर और कम तसल्ली वाला होता है पर असली प्यार कठोर और वास्तविक होता है। ये वैसे ही है जैसे ज़मीनी सच्चाई, जबकि रूमानी प्यार में ख़ासी उड़ान होती है। मैं हामी भरती हूँ, "सच्चा प्यार एक कठोर गद्दे की तरह होता है जो

कुछ समय तो कठोर होता है पर लम्बे समय के लिए पीठ के लिए ठीक होता है।" पति अचम्भित से अंदाज़ में कहते हैं—"तुम चाहे फ़ानूस का चमकता बल्ब नहीं पर कभी-कभी तो जल ही जाती हो।" मैं समझ नहीं पाती कि यह प्रशंसा है या अपमान। यह भी कठोर वाले गद्दे जैसा है।

ख़ुशी की तलाश : ख़ुशी की तलाश कर ख़ुश हो सकना बड़ा असाध्य-सा लक्ष्य है। यह किसी पहाड़ पर चढ़ कर झंडा गाड़ने जैसा नहीं। ख़ुशी को पकड़ पाना सम्भव नहीं। ऐसा भी नहीं कि इसे किसी जार में बन्द कर दिया जाए और सुबह, दोपहर, शाम उसकी ख़ुशबू ली जाए। यह क्षणिक है। यदा-कदा मिलने वाली और क्षणभंगुर होती है। इसे खो देने पर दिल भी टूटता है। शान्ति और सन्तुष्टि फिर भी प्राप्य है। एक बार इन्हें पा लो तो यह आपके साथ ही रहती है। वैसे इनका नाम कानों को भी अच्छा लगता है।

इस मूल्यवान ज्ञान के अलावा मेरी झोली में पति के दिये कुछ महत्वपूर्ण जीवन मूल्य भी आ गिरते हैं—

1. टेलीपैथी की शक्ति : इससे आप अलमारियों को भी बन्द कर सकते हैं। इससे गीले तौलिए उड़ते हुए जाकर कपड़े सुखाने की रस्सी पर सूखने को फैल सकते हैं। इससे बोतल को पलंग के बराबर लगाने जैसे काम भी किये जा सकते हैं।

2. उपहार देने को सरल बनाना : जन्मदिन, विवाह की वर्षगाँठ या किसी और विशेष अवसर पर गर्मजोशी से हाथ मिला कर, शुभकामनाएँ देकर, हलका-सा गले लगा कर काम चलाया जा सकता है। बाकी तोहफे ज़्यादा मायने भी नहीं रखते।

3. मल्टीटास्किंग में महारथ : जब पतिदेव लम्बी बात करते हों तो उन्हें सुनते हुए किसी कठिन मोबाइल गेम को खेलने में महारथ हासिल करना मुश्किल नहीं, बस बोले गए वाक्य का आखिरी फिकरा आपको याद रखना होता है, ताकि ज़रूरत पड़ने पर दोहरा सकें।

4. सोना भी एक कला है : पत्नी के तानों और पसली के कोंचे जाने के बावजूद कई वर्षों के अभ्यास से ही आदत पड़ सकती है कि

आप कहीं भी, कभी भी सो सकें मगर चमड़ी ऐसी बना लें कि आप पर कुछ भी असर न करे।

एक बार आप इसमें महारथ हासिल कर लें तो आपको सुन्दर फूलों से भरे सपनों की सौगात मिल सकती है और आप रोज़ बड़ी अच्छी नींद सो सकते हैं—दुनिया जाए भाड़ में।

19

मुझे भूत की कहानी सुनाओ

मुम्बई में जुलाई के महीने में लगातार बरसात होती है। अक्सर, जुलाई के महीने में परिवार के लोग लगातार हो रही बरसात की शिकायत करते रहते हैं। माहौल बदलने के लिए मैं उन्हें इगतपुरी के एक मॉनसून रिसॉर्ट में ले जाती हूँ। पति जयपुर अपने घर के लिए निकल जाते हैं और जाते-जाते मुझे कीमो दिमाग़ वाली का खिताब दे जाते हैं कि कौन ऐसे मानसून से बचने के लिए मानसून रिसॉर्ट जाता है।

वास्तव में, हमारी पूरी विवाहित ज़िंदगी में वह पहली बार सही निकले। इगतपुरी में घनघोर, ठंडी और थका देने वाली बरसात होती रही। हमने होटल के कमरे में बैठे बरसात की झड़ी को देखते हुए दिन बिताये। परिवार के सभी लोग अपनी-अपनी शिकायत करते रहे—सीलन के बारे में, धूसर आसमान, घुटनों का दर्द, खाना, बंगला चैनल का न होना (उनके अनुसार ये मराठियों का षडयंत्र है) मद्धम लाइट्स और उदासी भरे वातावरण के बारे में।

बस एक चीज जो सबको अच्छी लग रही, वह थी वहाँ से दिखते नजारे। होटल के सुइट की खिड़की बाहरी बालकनी में खुलती और वहाँ से पश्चिमी घाटों की दिलकश हरियाली दिखाई देती। पहाड़ियों पर खूब पेड़ थे और हर पेड़ का हरा रंग अलग। बीच से पानी की धारा छलछलाती

नीचे आ रही होती। बाईं ओर से एक और पानी की छोटी धारा टेढे-मेढ़े रास्ते से होती हुई हरियाली में गुम होती दिखती। पहाड़ों को बीच से काटती भारतीय रेल की सेन्ट्रल रेलवे लाइन गुज़र रही होती। दिन भर बरसात में भीगी ट्रेनें सर्पीली राहों से गुजरती रहतीं, कानों में उनकी सीटी की मीठी आवाज़ गूँजती और कभी-कभी झरने की गुंजलक में ट्रेन गायब भी हो जाती। आज सुबह के नाश्ते के बाद मैं और दादी शिकायतों से बचने के लिए बालकनी में इजी चेयर्स पर आ बैठे। इन चमक-दमक वाले होटलों में रोशनी इतनी कम होती है कि मेरे पिता अपनी सुडोकू पहेली भी हल नहीं कर पाते। माँ टीवी पर ब्रेकिंग न्यूज़ देख रही होती, जिसमें किसी एयर होस्टेस की तथाकथित आत्महत्या की न्यूज़ आ रही थी। चैनल दुखभरे संगीत और भयानक ग्राफिक्स से न्यूज को नाटकीय बनाने की कोशिश में था।

"यही तो है हमारी विकृत मानसिकता", मैं दादी से कहती और वह आह भरतीं।

मेरी दादी आज भी वैसी ही दिखती हैं जैसी मेरे जन्म के समय थीं दुबली, पीली रंगत, लम्बी और सौ साल पहले के औरतों के फ़ैशन स्टाइल में ऑफ व्हाइट साड़ी पहने। उनकी साड़ी सदा मुड़ी-तुड़ी रहती। दादी लगातार पान या सुपारी चबाती रहतीं और उनके हाथ कड़े और खुरदुरे लेकिन मेरे लिए वह ख़ासतौर पर प्यार से लबालब रहते। जब मैं छोटी थी तो उनकी मैली-सी साड़ी की सलवटों में मुझे बहुत सुकून मिलता था, जहाँ पान की गंध, सुपारी के टुकड़े और उनकी पीली त्वचा की गर्माहट होती थी। (बड़े होने के बाद मैं इसी अनगढ़पने से चिहुँकने लगी थी)।

फिलहाल उन्होंने अपने अनूठे से चाँदी के पान के डिब्बे को खोल कर अपना सरौता निकाल लिया और बिना देखे ही सुपारी कतरने लगी हैं। "आप अपना पान का डिब्बा मेरे लिए छोड़ जाइएगा जब आप..." मैं कहती हूँ।

वह मेरी ओर एक मुरझाई-सी मुस्कुराहट के साथ देखती हैं, जैसे कह रही हों, कौन जाने पहले कौन जाता है। उनका व्यंग्य मुझे भला नहीं

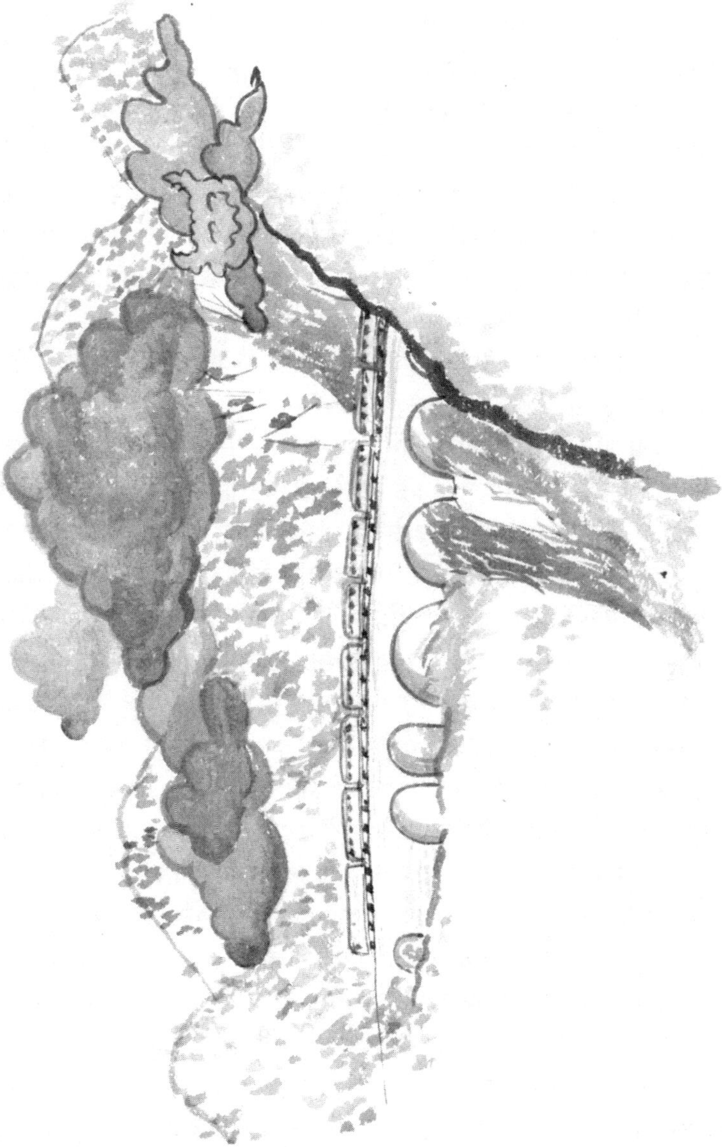

लगता पर हम दादी-पोती चुपचाप पहाड़ियों को देखते रहते हैं।

थोड़ी देर के लिए कुहासे की घनी परत पहाड़ों को घेर लेती है, कुछ पल तक उमड़ते-घुमड़ते बादलों के अलावा कुछ दिखाई नहीं देता।

"पापा...भूत। पापा...भूत" बादलों की ओर देखते हुए बालकनी से एक बच्चा चिल्लाता है। पापा हमारी तरफ देखते हैं और बच्चे को कमरे में घसीट ले जाते हैं। एलको इन्जन की दर्दभरी आवाज़ कुहासे को काटती सुनाई देती है और धीरे-धीरे बादल छँट जाते हैं। एक पतला बादल का टुकड़ा प्रश्नवाचक रूप में बचा रहता है। वह घने बादलों से छिटक गया है और एकाकी, पहाड़ों के सामने टँगा हुआ है।

"मुझे भूत की कहानी सुनाओ।" मैं दादी से कहती हूँ। वह पान मुँह में ठूँसती हैं और कहानी सुनाने लगती हैं—

उस समय तुम्हारे दादा निमोनिया के दौर से गुजरने के बाद बहुत बीमार थे और डॉक्टर्स ने उनके बचने की आशा छोड़ दी थी। मैं बहुत छोटी थी और तुम्हारी माँ उस समय स्कूल में रही होगी। हम तब अपने पुश्तैनी घर में रहते थे। जिसमें एक चारपाई खिड़की के पास लगा हुआ था। खिड़कियों पर मोटी काली ग्रिल और लकड़ी के पल्ले थे और चौड़ी-सी मुँडेर जिस पर कोई भी आराम से बैठ सकता था। काफ़ी बड़ा परिवार था इसलिए मेरे लिए काम भी काफ़ी रहता था। कोई न कोई तुम्हारे दादा जी के पास बैठता था, उनकी देखभाल करता रहता था। मैं रात को काफ़ी देर बाद थकी हुई अपने कमरे में आती थी, तुम्हारे दादा जी से पूछती थी कि उन्हें कुछ चाहिए तो नहीं। फिर उन्हें चद्दर ओढ़ा कर, मैं अपनी गोल की हुई चटाई को पलंग के नीचे से खींच कर निकालती और बिछाकर सो जाती थी, ताकि वह पूरे बिस्तर पर आराम से सो सकें।

तुम्हें पता होगा, तुम्हारे दादा कम उम्र में ही अनाथ हो गए थे और मैं उनके माता-पिता से कभी नहीं मिली थी। पर एक रात मुझे एक सपना आया। मैंने एक तगड़ी और मोटी नाक वाली, काफ़ी कुछ तुम्हारे दादा जैसी दिखने वाली महिला को खिड़की पर बैठे देखा। वह एक हाथ से ग्रिल को पकड़े हुए मेरी ओर क्रोध भरी आँखों से देख रही थीं। मैं डर गई

और मैंने उनसे पूछा कि वह कौन हैं और उन्हें क्या चाहिए। वह विचित्र महिला मोटी आवाज़ में बोलीं, 'तुम्हारी माँ ने तुम्हारा लालन-पालन ठीक से नहीं किया इसलिए मैं तुम्हें कुछ चीजें सिखाने आई हूँ। सुनो, जब कोई प्रिय बीमार होता है तो तुम्हें उनके निकट रहना चाहिए और उनके बराबर में सोना चाहिए। बार-बार उन्हें छूते रहना चाहिए, तसल्ली देनी चाहिए और थपथपाना चाहिए, ताकि तुम्हारे अंदर की अच्छी ऊर्जा उनके अन्दर जाती रहे। अपने प्रियजन के स्पर्श में शरीर को स्वस्थ करने वाली ऊर्जा होती है।' यह कहते हुए उन्होंने चबूतरे पर अपने पाँव फैला लिए और मुझसे कहा कि उन्हें पान दूँ। उन्होंने आराम से पान चबाया और इसके बाद वह ग्रिल से गुज़र कर गायब हो गईं।

सुबह मैंने घर की बड़ी बूढ़ियों को अपना सपना सुनाया, उन्होंने कहा कि निश्चित ही रातवाली विकराल, मिलने आई महिला के चेहरे-मोहरे का वर्णन मेरी सास का ही था। उस दिन के बाद से मैंने चारपाई पर अपनी जगह निश्चित करके तुम्हारे दादा जी के पाँव दबाना, पीठ सहलाना, उनकी बाँह पर हल्के से हाथ रखे रहना शुरू कर दिया। धीरे-धीरे तुम्हारे दादा की तबीयत ठीक हो गई। मुझे नहीं पता कि इन बातों का असर हुआ था या नहीं पर आजकल इस चीज को 'रेकी' या 'हीलिंग ऊर्जा' या ऐसा कुछ कहते हैं।

"बड़ी अच्छी कहानी है," मैंने कहा। मेरी दादी मुस्कुराईं और अपने खुरदुरे पीले नाखून वाले हाथों से मेरे हाथ को धीरे से थपथपाया। वह अपनी खुरदुरी हथेली से मेरी बाँह को काफ़ी देर तक सहलाती रहीं। मुझे ऐसा लगा कि जैसे मैं उनकी साड़ी की परतों में छुपी हुई थी और मेरे आसपास पान की गन्ध मँडरा रही थी। वह ख़्यालों में खोई मेरा हाथ थपथपाती रहीं।

कुछ देर बाद ट्रेन की शिकायत भरी सीटी की आवाज़ से मेरी नींद खुली। मैं ट्रेन को पहाड़ी से गुजरते देख रही थी। फिर जब सिर घुमा कर मैंने शीशे में से झाँका तो देखा कि मेरे पिता माथे पर ख़ुशनुमा-सी सलवट लिए एक अकेले बल्ब के नीचे सुडोकू को सुलझा रहे थे। माँ बिस्तर के

सिरे पर बैठी आत्महत्या वाली कहानी सुन रही थी जो अब तक फ़ुर्ती से मर्डर बना दी गई थी।

यदि मेरी दादी आज होतीं तो वह 95 वर्षों की होतीं। बीमार होने के बाद से अनिन्द्रा और बेचैनी के कारण मेरी किस्मत में प्रायः अकेले ही सोना लिखा था। पर अब लगता है मेरे साथ कोई है। मेरी बाँह को प्यार से थपथपाते उस खुरदुरे हाथ की स्मृति। पता नहीं इससे मैं स्वस्थ होऊँगी या नहीं पर निश्चित रूप से इस याद से मुझे आराम मिलता है।

20

ईर्ष्यालु माताएँ

मुझे लगा था कि बीमारी के चलते मुझे सभी का प्यार मिलेगा, ख़ासकर माँ के शासन में चलने वाले अपने घर से। इसके बजाय उनका स्वरूप घायल शेरनी जैसा हो चला। वह लगातार गुस्सा होती हैं, निराश होती हैं और मेरा ध्यान रखती हैं।

माँएँ भी इंसान ही होती हैं। ऐसा लगता है मेरी माँ में भी मांस, मज्जा और भावनाओं से बनी होने के लक्षण हैं। हालाँकि साल भर में मैं 40 वर्षों की हो जाऊँगी और इधर माँ अब भी डाँटती हैं, खाना ठूँस-ठूँसकर खिलाती हैं, मेरी बात को दरकिनार कर देती हैं, मुझसे थक जाती हैं, मुझसे बचती हैं (मैं उनकी सदाबहार जिम्मेदारी ठहरी) और प्राय: मुझे बचाती भी हैं। फिर अचानक ही अपना दाँव बदलते हुए माँ अपने प्यार के सुनहरे जाल में मुझे जकड़ लेती हैं। इससे न वह बच सकती हैं न मैं।

माँएँ ख़तरनाक भी होती हैं। बच्चा होने के बाद के अवसाद की अवस्था में कभी-कभी वह अपने बच्चों का गला दबा देती हैं। माँएँ कभी-कभी प्रेमी भी ढूँढ़ लेती हैं। कभी-कभी उनका खून चूसते, उन पर निर्भर लोगों को झाँसा दे नई ज़िंदगी ढूँढ़ने भी निकल जाती हैं। माँएँ साहस दिखाते हुए अपना जीवन भी त्याग सकती हैं। तिरस्कृत माँएँ गिरी हुई और निर्दयी भी बन सकती हैं।

माँएँ कब से घुट-घुट कर जी रही हैं। 5000 वर्ष पुरानी हमारी संस्कृति ने उन्हें महिमामण्डित करके सिंहासन पर बैठा दिया है। पूजनीय बना कर। जिनकी चरण वन्दना की जा सके। महाआपदा के दौर में भी जब उनके बच्चे कष्ट में हों और उनकी आत्मा थकन से भरी हो, जब कुटिल और निर्दयी समाज उनसे जरा-सी गलती होने का इंतज़ार करता रहता है, तब भी माँओं से अपेक्षा की जाती है वह अच्छाई की आभा से दीप्त रहें। इस सबके बाद भी जब उनका मौसम बीत जाता है तो उन्हें एक ओर फेंक दिया जाता है।

फिर भी यदि माताओं को मिट्टी की मूर्ति बनाकर आसीन करना ही हो तो कहीं छोटी-मोटी गलतियों की गुंजाइश छोड़ देनी चाहिए। जैसे कि

एक कंधे पर छोटी-सी शिकन या डिजाइन में कोई गलती, बनावट में कोई कमी (जैसे कि सिर ठीक जगह न होना) पीठ में क्रैक दिखना या रूप-रंग बदरंग हो जाना। इससे उन्हें साँस लेने की मोहलत तो मिलेगी।

ये सब हो, तब तक मेरी माँ बीमार होने के कारण मुझे कभी स्वर्ग तो कभी नर्क दिखाती रहेगी।

21

लम्बी औरतें

चाहे कितनी भी कोशिश कर लीजिए मुझे और मेरी माँ को लम्बे कद का नहीं मान सकते, हम छोटे कद के हैं। पति के अनुसार बौने।

हमारे परिवार में लम्बी हैं मेरी सास और मेरी भाभी। हालाँकि उन्हें लंबाई में तो ख़ास नहीं मान सकते पर मेरे अनुसार हम दोनों से ऊँची हैं। इन दोनों की रीढ़ अपना उत्साह बनाये रखती है और ये मोहक मुस्कान के साथ अपने कर्तव्य निभाती रहती हैं।

मुझसे कुछ मुक्त होने पर मेरी माँ कुछ निर्देशों की सूची बनाने लगती हैं और मुझे भाभी पर छोड़ देती हैं। मेरे भाई की पत्नी की उम्र करीब मेरे जितनी ही है पर उनका कर्तव्यबोध और देखभाल ममतालु होता है। वह कल्पनाशील भी हैं और मेरी कीमोग्रस्त जिह्वा के लिए रैसिपीज़ निकालती रहती हैं। उनका साथ ख़ुशनुमा होता है, साथ ही मेरी उदास शामों को मज़ेदार बनाने के लिये वह मुझे यदा-कदा ठंडी बीयर दे देती हैं।

जयपुर में गठिया ग्रस्त होने पर भी मेरी सास हिम्मत जुटा कर एक दर्जन या कुछ ज़्यादा ही सीढ़ियाँ चढ़ कर ऊपर आती हैं कि मेरी घंटाभर मालिश कर सकें। उनके जादुई स्पर्श से मेरा दर्द गायब हो जाता है। कुछ समय के लिए ही सही मैं मॉर्फ़ीन टेबलेट्स, फैन्टानाइल पैचेज़ और पेन किलर की गोलियों को ठेंगा दिखा सकती हूँ।

मेरे अनगिनत अस्पताल प्रवासों में ये दोनों रात को मेरे साथ रुकती रही हैं, जहाँ स्थिति बहुत आरामदायक नहीं होती। मेरी भाभी तो इस बात से बड़ी उत्साहित भी थीं कि उनके बेड से उन्हें यह अहसास हो रहा था जैसे हम दोनों ट्रेन में सफर कर रहे हों। उन्हें आभास नहीं है कि उस भयानक रात को मैंने बचपन की छोटी-छोटी मज़ेदार यात्राओं की स्मृति में काटा था।

इन दोनों में कुछ भी तो ऐसा नहीं जो 'लॉ' यानी क़ानून के माध्यम से मुझसे जोड़ता हो। इन्हें 'इन लॉज़' पुकारने का निर्णय किसने किया?

Kumbhalgarh

22

वटवृक्ष जैसे

मेरे दो भाई हैं। एक सहोदर और दूसरे मुँहबोले भाई। मेरे लिए दोनों वटवृक्ष जैसे हैं। दोनों ही मजबूत, गठीले और उन लोगों के लिए करुणा से भरे हैं जो उनकी छाँह चाहते हों या जो उनकी शाखाओं पर आराम करना चाहते हैं।

ज़िंदगी के थपेड़ों ने इन्हें अब तो काफ़ी जर्जर कर दिया है। ये अब पहले जैसे मुस्कुराते हरे-भरे पेड़ नहीं रह गए। अब इनके तने कमजोर हो चले हैं, शाखाएँ टेढ़ी-मेढ़ी और पत्ते पीले। पर अब भी मैं उड़ कर इन तक पहुँच जाती हूँ, ताकि अपने दर्द से निजात पा सकूँ और अपने टूटे पंखों को आराम दे सकूँ।

मैं पुनः ऊर्जा से भरकर वापस लौटती हूँ। इन्होंने मुझे कभी नहीं रोका, इन्होंने सदा मुझे अपनी कमजोर बाँहों से विदा दी और आशीष रूप में अपनी ढेरों पत्तियाँ मुझ पर उँड़ेल दीं। यह ऐसे ही चलता रहता है।

23

ब्यूटी एंड द बीस्ट

मेरी ज़िंदगी का बड़ा हिस्सा दिल्ली में गुजरा है और पति का साथ होने के बाद ही मैं जयपुर रहने आई। यह शहर कभी मुझे जँचा ही नहीं। इस शहर के प्रति प्यार जगाने के लिए पति ने बड़ी कोशिश की पर कुछ भी कारगर नहीं हुआ। उन्होंने मुझे बताया कि इस शहर की एक बड़ी उपलब्धि सालों साल रही है कि इसका ख़ुशी का माप देश के सभी नगरों से ऊँचा रहा है। मैंने कहा कि ऐसा लगता है इस नगर की ख़ुशी इसी में दिखती है कि यह रुकी हुई, बँधी हुई नगरी है।

मुझे यहाँ की गलियों के नाम अच्छे नहीं लगते, मैंने उन्हें बताया—इमली फाटक, जलेब चौक, झोटवाड़ा, झालावाड़, झालाना डूंगरी, मोती डूंगरी। कैसी भयानक-सी ध्वनि है इनमें। उन्होंने प्रत्युत्तर दिया तुम तिमारपुर, मायापुरी, मुनिरका और मसूदपुर को क्या कहोगी। मुझे महानगर अच्छे लगते हैं। मुझे बड़े नगरों की धड़कती नब्ज़ भली लगती है। ग्लैमर, लालच, अवसर, हिंसा, पागलपन और अराजकता। दिल्ली, गुडगाँव, मुम्बई, कोलकाता मेरे लिटमस टेस्ट में पास हो चुके हैं। (बंगलौर मुझे सन्देहास्पद लगता है—यह सुसंस्कृत, हल्ली, शराबखोर, व्यस्त आई.टी. हब के बीच का मिश्रण है।) मुझे दिल्ली बहुत याद आती है। इसकी सर्दियों की कोहरे में लिपटी देसी सुन्दरता। इसकी झुलसा देने वाली गर्मियाँ।

बरसात में लबालब होकर टूटते इसके कगार। शहर के अमीरों के घरों को हरियाली, गरीब घरों के मटमैले रंग और इन दोनों के बीच के लोगों को घेरे पीली-सी रंगत (जैसे कि डूबते सूरज की रोशनी) वाले डीडीए फ्लैट्स। यहाँ की जनता का अक्खड़पन, खिड़कियों की सिलों पर बैठे कबूतरों की बेनूर, सूनी आँखें। इस नगरी के चरित्रहीन लोग। ढीले-ढाले नैतिक मूल्य। जहाँ सीमा का खयाल नहीं रखा जाता। अपराधबोध से मुक्त। मेरी तरह

अनेक गलतियों के बावजूद आत्मसम्मान के साथ खड़ी और अभिमानी। साथ ही जब कुछ चाहिए तो गिड़गिड़ाती हुई-सी और अन्ततोगत्वा अपने जहर और कड़वाहट भरे धुएँ में अपना ही दम घोटती हुई। इस वहशी नगर से मेरा तादात्म्य बैठता है। बदले में अपना सब कुछ देकर यह वहशी नगर मुझे प्यार करता है। इसके आरामदायक कोने, इसकी रहस्यमय उत्तेजनाएँ, इसकी झूठी चमक, इसकी गँदली अपराध भरी ज़िंदगी, इसकी चालाकी भरी मुस्कान, इसका रक्त, मांस, मज्जा सब कुछ।

दूसरी ओर जयपुर सुन्दर और शान्त नगरी है। नैतिक मूल्यों वाली, भले समझे जाने वाले मूल्य। पारिवारिक मूल्य। संयुक्त परिवारों वाले मूल्य। पुराने संगी साथी (जो परिवार के सदस्य भी हो सकते हैं)। आपको स्थिर रखने वाले (या कि शृंखला में बाँधने वाले)। बँधा हुआ, जैसे कि किसी फार्म पर रहता हुआ कोई जानवर। जिसकी दृष्टि भी सीमित दायरे में ही देख सकती है। ऐसा न हो कि आप चरते हुए दूर निकल आएँ, उपद्रव करें, दूसरों की चीजें मार लें, विनाश करें। (जयपुर का राज्य महिला कमीशन का ऑफ़िस पशुधन विकास बोर्ड के बराबर में है। ऐसे संयोग का कुछ तो अर्थ होता ही है।)

यह नगरी मेरे लिए जतन से बनाये कारागृह का सूचक है। ऐसा गुलाबीपन जो सिर पर ही चढ़ जाए। इसके बाजारों की अनावश्यक उत्फुल्लता। जहाँ जाओ वहीं इसके दमघोंटू गुम्बद, पिलर्स और हवेलियाँ। इसकी पुरातनता में एक धमकी जुड़ी है—'सदा परिपाटी पर चलो और रूढ़िवादी बने रहो।' यह नगरी वैवाहिक सम्बन्धों की दम घोटनेवाली सलामती का प्रतीक है। जो तुम नियमों का पालन करोगी तो तुम्हें योग्य और सद्गुणी महिला का दर्जा भी दिया जा सकता है।

अपने विवाह के प्रारम्भिक दिनों में काफ़ी दिनों तक मैं इस अंकुश के तले भयभीत रहती थी। मुझे लगता था यह जानबूझ कर किया जा रहा है। अब यह अकस्मात हो ही रहा है तो मैं सोच रही हूँ, यहाँ से मैं अब किस की बाँहों में जाऊँगी—जो मौका मिले तो।

उनींदी, सुरक्षित जगह, एक धुँधलका भरी नीली रंगत जो थपक-थपक

BADA GUMBAD

कर मुझे सुला देगी। या फिर वह जाना-पहचाना नरक जो किसी मक्कार, भयानक और बूढ़े प्रेमी की तरह मुझे निरन्तर उन्माद की स्थिति में पूरी रात जगाए रखे।

आपका अंदाज़ा भी उतना ही सही होगा जितना मेरा।

24
योलो

भारी-भरकम आवाज़ वाली मेरी एक दोस्त रविवार की एक सुबह मुझसे मिलने आ जाती है और मुझ से कहती है कि 'योलो' आजकल चलन में है। मैं उसकी ओर असमंजस से देखती हूँ। वह चिल्ला कर कहती है—अरे, तुम्हें 'योलो' नहीं पता? इतवार की सुबह पेड़ पर उनींदी बैठी चिड़िया फुर्र से उड़ जाती है। कुत्ता चिहुँक के पूँछ ऊँची कर लेता है और गर्मागर्म चाय मेरी गोद में छलक जाती है, इन सबसे बेख़बर वह बताती है, " 'योलो' का मतलब है "यू ओनली लिव वन्स" आपको जीवन बस एक बार मिलता है। इसलिए तुम्हें ज़िंदगी को किंग साइज़ में जीना चाहिए, जो अच्छा लगे वह करो और कोई पछतावा मत रखो।"

अपने नए-नए ज्ञान से समृद्ध मैं अपने साथी को भी टेस्ट करना चाहती हूँ—ठीक अपनी दोस्त की तरह। एक प्यारी-सी शाम थी और पति टैरेस पर बीन बैग पर विराजमान थे। आँखे मूँदे, धीरे-धीरे पेट थपथपाते हुए। मैं उनके कान में चिल्लाती हूँ 'योलो'। वे मुझे हिक़ारत की नजर से देखते हैं और अपनी सीट कुछ आगे खिसका लेते हैं।

कैंसर के चलते मैं इस बात पर एकाग्र होकर सोचती हूँ कि मैंने अपनी ज़िंदगी ठीक से जी कि नहीं। मैंने अपना जीवन 'योलो' जिया या नहीं। पाती हूँ कि मैंने सदा अपने निर्णय स्वयं लिए, जीवन को जैसे चाहा

वैसे जिया, अनेक गलतियाँ कीं और सब स्वेच्छा से किया। मुझे सदा सब कुछ गुजर जाने के बाद ही बुद्धि आई। सबसे बढ़िया बात तो यह है कि मैंने कभी किसी और को दोषी नहीं ठहराया, जो भी परिणाम आए उन पर मैं अपने प्रति काफ़ी दया, स्नेह और क्षमा भाव से भरी रही। बस, मुझे यही पछतावा रहा कि जैसी थी वैसी बनी रही। पता नहीं कि मैं इस यायावरी की प्रतिलिपियाँ हुआ करती थी। बटर पेपर पर बनी हुई, सहेज कर रोल की हुई और लॉकर्स में सुरक्षित। तीस साल की उम्र तक अच्छी नौकरी और अच्छे रिश्तों से युक्त सधी ज़िंदगी। पैंतीस वर्षों में स्वयं का घर। चालीस से पहले बच्चे, पौधे और पालतू जानवर। उनकी दसवीं वर्षगाँठ के थ्री टियर केक की फोटो टीवी के पीछे वाली नीली दीवार पर जहाँ सब उसे देख सकें।

इस ढर्रे में खप सकने का अरमान होने पर भी मुझे जल्दी ही पता चल गया था कि मैं यायावर हूँ, ठहराव से मेरी आत्मा घुटती थी। रोज़मर्रा की ज़िंदगी मुझे उबा देती थी। यायावर बड़े दिलचस्प लोग होते हैं और वे आपको अपने साथ बहा कर नई दुनिया में ले जा सकते हैं। उनका साथ उत्तेजक, चुनौतीपूर्ण होता है—गो कि कभी-कभी लगता है वे डूब जाएँगे पर ऐसा कम ही होता है। हाँ, उनमें एक कमी होती है, वह टिक कर नहीं रह सकते। वे बटर पेपर पर प्रतिलिपि बना कर उन्हें चिरन्तन काल के लिए सुरक्षित नहीं रख सकते। बुरा न मानें पर उनमें स्थिरता नहीं होती, संचय करने की कला नहीं होती, उनके पास टिक कर मजबूती से एक जगह जमने की कला नहीं होती और न ही होते हैं थैला भर समझौते और दुनियावी निश्चितता।

कैंसर की कई कायाकल्प शक्तियाँ होती हैं। लगता है इस रोग ने मेरी आत्मा की चिरन्तन बेचैनी को ठीक कर दिया है। इसने मुझे टिकना सिखाया है। लंगर डाल कर। जकड़ कर रहना केकड़े की तरह।

'यह कैंसर का प्रभाव नहीं, लड़की, उम्र का असर है,' पति अतिरिक्त टिप्पणी करते हैं।

25

उम्मीद रणनीति के रूप में

प्रसिद्ध, मैनेजमेंट गुरु मैल्कॉम ग्लैडवेल के अनुसार, आशा आपकी नीति नहीं बन सकती। हो सकता है यह सही हो।

जब मेरा कीमो ब्रेक शुरू होता है तो मैं अपने ससुराल के घर में वापस आ जाती हूँ। पत्थर की दीवार में दरार में से ज़बरदस्ती उगती एक हरी बेल मेरा स्वागत करती है। मैं पहली मंजिल के बड़े टैरेस वाले कमरे में रहती हूँ। मेरी सास का चम्पा का पेड़ उत्सुकता से अपनी बाँह पसारे टैरेस को छूने की कोशिश करता दिखता है। अनिद्रा, पीठ के दर्द और कई भूतों से लड़ते कई रातें बिताने के बाद मैं जगती हूँ और देखती हूँ कि चम्पा के पेड़ पर ढेरों सुगन्धित, चमकीले फूल आ गए हैं और उसकी शाखाएँ और उचक कर मुझे छूना चाह रही हैं। उसकी आशा ईर्ष्या पैदा करती है।

आशा किसी जादू की तरह प्रगट होती है। तब कड़वे अनुभव धूमिल हो जाते हैं। किसी शान्त-सी रात में यह आपको प्यारी-प्यारी कहानियाँ सुनाती है। जिनमें आप अमरत्व प्राप्त नायिका होती हैं, जहाँ कोई बीमारी जिसको छूती नहीं। सफलता जिसके चरण चूमती है, आप ख़ुशियों को जी सकते हैं और वैवाहिक जीवन में भी ऊब की जगह रस आ जाता है। फूलों की सुगन्ध का आनंद उठा कर और पत्थर की दीवार पर ख़ुशी-

ख़ुशी बढ़ती बेल को फिर देखने के बाद मैं अपने इलाज के लिए मुम्बई चली जाती हूँ।

एक दिन डॉक्टर के अपॉइन्टमेन्ट का इंतज़ार करते हुए मैंने देखा, मेरे पापा एक और सज्जन के साथ मेरी और उन सज्जन की पत्नी की बराबर-बराबर रखी हिस्टोपेथी की रिपोर्ट पर झुके हुए थे, दो गंजे सिर वाले व्यक्ति एक-एक लाइन को ध्यान से पढ़ते हुए यह जानने की कोशिश में थे कि हमारा ट्यूमर किस स्थिति में था और किस स्तर पर था।

यह दृश्य मेरे हृदय को मरोड़ कर रख देता है और मैं अचानक अपने स्कूल के दिनों में पहुँच जाती हूँ, जब मेरे डैड और दूसरे अभिभावक

हमारी रिपोर्ट्स कार्ड्स की तुलना किया करते थे। बस इतना अन्तर है, आज डैड कुछ वृद्ध और उदास हो चले हैं और सिविल इंजीनियर के रूप में तो जरा भी अंदाज़ा नहीं कि वह क्या तुलना कर रहे हैं। तो यह निर्णय नहीं हो सकता कि किसकी ज़िंदगी की नैया पार होने का बेहतर मौका है। पर मैं आशा कर रही हूँ कि मेरा रिपोर्ट कार्ड उन्हें लज्जित तो नहीं करेगा। ईश्वर का धन्यवाद है, दोनों पक्षों को भी नहीं पता, तुलना किसकी हो रही है। कुछ समय बाद दोनों फाइलों को बन्द करके वे अलग-अलग दिशाओं में निगाहें गड़ा देते हैं।

इस बीच महानगर के दिन गुजरते जा रहे हैं। अपनी मेडिकल रिपोर्ट्स, स्कैन और एक्सरे फ़िल्म का थैला हाथ में थामे हुए मैं और डैड अस्पतालों में अन्तहीन प्रतीक्षा करते रहते हैं, सुडोकू और मोबाइल गेम खेलते हुए, अपनी कॉफी चुपचाप पीते हुए।

मैं अपने डैड पर गई हूँ। हम दोनों ठोस, मध्यमवर्गीय कामकाजी लोग हैं। दिल तोड़ने की हद तक व्यवहारिक और कल्पनाहीन। पर इस बार हमारी नीति आशा पर टिकी है।

26

डर बस दो अक्षरों का शब्द है

मैं नहीं जानती भय क्या होता है। मैं घिरते गहरे अँधेरों, एक आँख वाले भूत, भयानक ऊँचाइयों, घुटे कमरों में किसी के होने के डर से कभी नहीं घिरी। अगर थोड़ा बहुत मुझे किसी चीज से डर लगता है तो वह है मकड़ियाँ।

कुछ समय पहले तक मेरा सबसे बड़ा दु:स्वप्न यह रहा था कि मुझे पेशाब लगी हुई है और मैं आधी रात को अधखुली, सपने भरी आँखों से बाथरूम की ओर जा रही हूँ या फिर सुबह पेट खाली करने के लिए पॉट पर बैठी हूँ, बॉम्बे टाइम्स को, बने-ठने लोगों की फोटोज़ को देख रही हूँ, तभी एक राक्षसी-सी भयानक टैरेनटुला मकड़ी पॉट के नीचे अपनी छिपने की जगह से निकल कर मेरे आश्वस्त पिछवाड़े में घुस जाती है। इससे आगे कुछ कहने को शेष नहीं रहता।

इससे पहले कि मेरा डर सच में बदलता (शुक्र है), एक बड़ी परियोजना के लिए मुझे ऑस्ट्रेलिया जाना पड़ा। मुझे इस बात का जरा भी ज्ञान नहीं था कि यहाँ विश्व की सबसे जहरीली और ख़तरनाक मकड़ियाँ पाई जाती हैं।

जैसे-जैसे मैं हर लाल पीठ वाली मकड़ी के जाले, टैप डोर में रहने वाली मकड़ी और ऑस्ट्रेलिया वाली टैरेनटुला (जो चिड़िया खा सकती

है तो मेरे पृष्ठभाग की तो हस्ती क्या है—सिहरते हुए मैं सोचती हूँ) को स्वीकार करने लगी थी, तभी एक दिन एक बहुत काली झाड़ी जैसी करीब 15 इंच लम्बी मकड़ी को मैंने देखा, जो मेरे बाथटब में चुपचाप बैठी हुई थी। चलो, मैं मानती हूँ कि शायद मैंने कोई अतिशयोक्ति कह दी हो पर मैं कसम खा सकती हूँ कि यह मकड़ी 5 इंच तो लम्बी थी ही। उसे देखते ही मेरी जोरदार चीख निकली जो किसी ने नहीं सुनी। मैंने बाथरूम का दरवाज़ा धड़ाम से बन्द किया और ऑफिस के लिए निकल गई। शाम को मैंने इस आशा के साथ बाथरूम में झाँका कि वह मकड़ी ज़रूर गर्म पानी में स्नान कर रही होगी। मुझे यह देख कर आश्चर्य हुआ कि वहाँ कोई हलचल नहीं थी और मकड़ी निश्चल वैसे ही बैठी थी जैसी मैं उस सुबह छोड़ कर गई थी। दो दिन तक यह स्थिति बनी रही। तीन दिन तक बिना नहाये किसी दु:स्वप्न की पकड़ में मुझे लगता रहा कि मकड़ी मेरे पलंग पर चढ़ जाएगी। इसी पसोपेश में फँसी मैं सुबह-शाम झाँक-झाँक कर उसे देखती रही और वह वेटिंग फॉर गोडो की तरह वहीं की वहीं बैठी थी।

चौथे दिन लगा, कहीं वह मर तो नहीं गई। कहीं ऐसा तो नहीं कि उसे मरा हुआ मान कर जैसे ही मैं उसे नोचूँगी वह मुझ पर झपट पड़ेगी और अपना बदला पूरा कर लेगी? मगरमच्छ कई बार ऐसा करते हैं। मैंने स्वयं को समझाया कि मकड़ी और मक्कार मगरमच्छ अलग-अलग होते हैं, कुछ दिन इंतज़ार करने पर सब ठीक हो जाएगा। निश्चित किये गए दिन मैंने आईफ़ोन पर अपना प्रिय संगीत लगाया, फ़ोन को जर्सी की जेब में डाला, हाथ में झाड़ू उठाई और उस नारकीय चीज को उठा कर पैन में डाल दिया। झाड़ू का मकड़ी से स्पर्श मात्र से मुझे झुरझुरी-सी आने लगी। फिर मैं पागलों की तरह हाथ में डस्टपैन लेकर बाहर भागी और पड़ोसी के सामने वाली जगह पर उसे फेंक दिया। वैसे यह सब काफ़ी सरल था।

मेरी ऑस्ट्रेलियाई साथी का मुझ पर अभूतपूर्व असर हुआ। उस दिन के बाद से मुझे मकड़ियों से डर लगना कुछ कम हो गया। मुझे अभी भी मकड़ियाँ अच्छी नहीं लगतीं, मैं अब भी उनसे आँख नहीं मिला सकती, पर अब मसला कुछ हल हुआ।

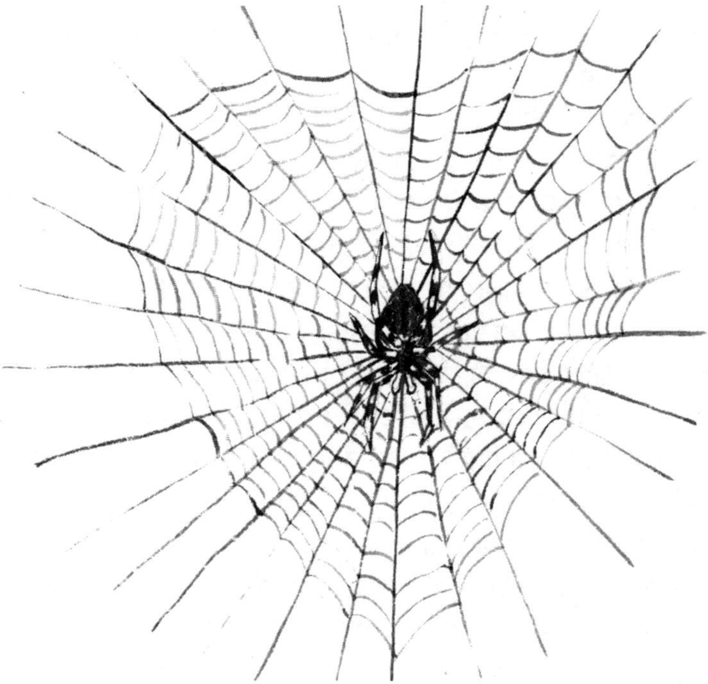

अब इन दिनों इस भय की जगह एक और डर ने ले ली। भारतीय परंपरा में यह माना जाता है कि मानव जीवन को वर्षों में नहीं बल्कि साँस से गिन सकते हैं। हम सबको निश्चित मात्रा में साँसें मिली हुई हैं, जब वह खत्म हो जाती है तो जीवन भी खत्म हो जाता है। अब जब मैं मात्र बात करते-करते ही हाँफने लगती हूँ या मेरी साँसें उखड़ने लगती हैं तो मुझे यह भय जकड़ने लगता है कि मेरी साँसें घटती जा रही हैं। यह भय कि मैं साँस नहीं ले पाऊँगी। इस विचार मात्र से मेरी छाती घुटने लगती है और साँसों की गति तेज हो जाती है। साथ ही जब मुझे लगने लगता है तेज साँसों से तो मेरी साँसों की संख्या और घट रही है, मैं धीरे साँस लेने की चेष्टा करती हूँ। मेरे दिन इसी खींचातानी में कटते हैं। आज सुबह जब मैं फिर सिंहासन पर बैठ कर प्रसिद्ध लोगों की ज़िंदगी को जानने की अजब-सी इच्छा की सन्तुष्टि कर रही थी कि मैंने देखा एक छोटी मकड़ी सामने की चिकनी टाइल पर चढ़कर टाइल पर लटकते अपने जाल पर चढ़ने की कोशिश कर रही है। हालाँकि मैंने अपने डर पर काबू पा लिया है, शर्त लगा लो इससे तो कोई नहीं डरेगा। ये वाली मकड़ी भारतीय प्रजाति की थी, दुबली-पतली, भूखी और शरीर पर बाल न होने के कारण अपने नंगेपन से शर्मिंदा-सी दिखने वाली। उसके अनथक परिश्रम को देखते हुए कि कैसे वह बीस बार ऊपर चढ़ी और फिसली, मुझे बचपन में सुनी राजा ब्रूस की कहानी याद आ गई। कहानी का सार यह है कि—एक हारा हुआ राजा गुफा में छिपा बैठा था। वह एक मकड़ी के दीवार पर चढ़ने के निरन्तर प्रयासों को देखता है और उससे प्रेरित होकर यह स्वीकार करता है कि प्रयत्न करते जाना ही विकल्प है। वह युद्ध क्षेत्र में लौटता है और विजयी होता है।

पूरी कथा याद आने तक मेरी छुटकी मकड़ी रेंगकर टाइल से गुजर चुकी थी और अपने दरिद्र से झूलेनुमा धूल भरे जाल में आराम से बैठी एकाध छोटे कीड़ों का आनन्द उठा रही थी।

उस रात धीरे-धीरे साँस लेते हुए, साँसों को गिनते हुए अपनी साँसों के घटने के डर पर काबू पाते हुए मैं भयंकर ऑस्ट्रेलियन मकड़ी व मेरे

बाथरूम की छोटी-सी मकड़ी और मध्यकालीन राजा ब्रूस की मकड़ी के बारे में सोचने लगती हूँ। मुझे अपने भय को धीरे-धीरे कम करना ही होगा।

आपको याद है बॉलीवुड की लोकप्रिय फ़िल्म 'मिस्टर नटवरलाल', जिसमें अमिताभ बच्चन बच्चों के एक झुंड को एक गाना सुना रहे हैं कि कैसे घने जंगल में बाघ के डर पर विजय पाएँ। क्योंकि "ये जीना भी कोई जीना है लल्लू?"

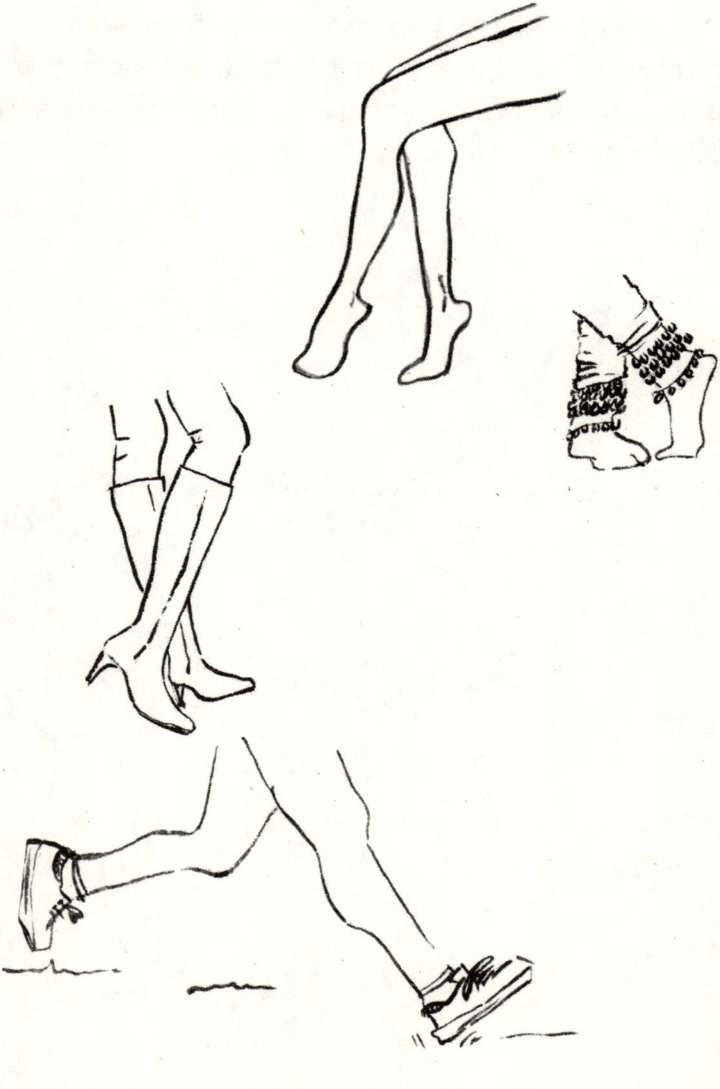

27

ये पाँव

ये पाँव
जो मुझे नींद से वंचित रखते हैं
दर्द से तड़पाते हैं,
बेआवाज़ चीखते हैं,
ढेर-सी गोलियाँ खाने पर हो जाते हैं शान्त,
इसके बाद सोती हूँ उखड़ी-सी नींद,
ठीक होने के बाद सुबह मुझे पुनः सुन्दर महसूस होने लगता है,
ये दग़ाबाज़ पाँव

अंत में कुछ बातें

'हम लोगों को एसी की जगह पर एयर कूलर ले लेना चाहिए। कूलर की हवा ताज़ा होती है, वह पर्यावरण के अनुकूल भी होता है। हर सुबह उठने पर एसी के कारण सोने वालों के गले में खराश हो जाती है और सिरदर्द हो जाता है', मुझे व्हाट्सऐप पर किसी ने मैसेज फ़ॉर्वर्ड किया था, जिसको पढ़ने के बाद मैंने अनन्या से कहा।

'बिल्कुल, और जब हम यह कर ही रहे हैं तो इस फ़्लैटस्क्रीन टीवी को बेचकर एक ब्लैक एंड व्हाइट टीवी ख़रीद लेते हैं। लगे हाथ कार से भी मुक्ति ले लीजिए और बजाज का स्कूटर ख़रीद लीजिए। चलिए 1980 के दशक की तरह जीवन जीते हैं। आगे बढ़ने के बजाय एक शताब्दी पीछे की तरफ़ बढ़ जाते हैं', अनन्या ने सख़्ती से जवाब दिया।

उसका व्यंग्य बहुत तीखा होता था, बहुत जल्दी कुछ सोच लेती थी, किसी तरह की बनावट नहीं थी और बहुत ही तेज़ दिमाग़ वाली, मैं अनन्या को इसी रूप में याद करती हूँ। उसके ऊपर चाहे जो आरोप लगाए जा सकते हों लेकिन न तो उसमें किसी तरह का दिखावा था न ही वह दोहरी बातें करती थी। वह हमेशा बहुत साफ़-साफ़ बातें करती थी।

साल 2000 में जब हम दोनों ही सिम्बायोसिस, पुणे में पढ़ने के लिए गए, तो मुझे लगभग पहले ही दिन से अनन्या अपने हँसी-मजाक़ वाले स्वभाव, अपनी सुंदरता और होशियारी के कारण याद हो आई। हम जल्दी ही दोस्त हो गए। इसमें सोचने की कोई बात नहीं थी कि वह मेरी तरह की नहीं थी, इसलिए अच्छी दोस्ती ही आगे बढ़ने का एक ज़रिया था।

कॉलेज की पढ़ाई के बाद हमारी ज़िंदगी अलग-अलग दिशाओं में मुड़ गई, लेकिन जीवन के उतार-चढ़ावों के बीच हमने आपसी सम्पर्क को बनाए रखा। जब वह आगे की पढ़ाई के लिए ऑस्ट्रेलिया जाने वाली थी तो उससे पहले संयोग से हुई एक मुलाक़ात में कुछ ऐसा हुआ जो मैंने सोचा ही नहीं था। बोलने में माहिर, मजाक़िया स्वभाव की सुंदर दिल्ली की एक लड़की ने जयपुर जैसे छोटे शहर के लड़के में दिलचस्पी दिखाई। 'अगर मैं लौट कर आई तो क्या हमारा कोई भविष्य है?'

'बिल्कुल है', मैंने बिना कुछ सोचे ही जवाब दिया। ऑस्ट्रेलिया जाकर वापस कौन आता है, मैंने अपने आप से मन ही मन कहा। लेकिन 2010 में वह वापस आ गई। मेरे मारवाड़ी दोस्त हमेशा से इस कहावत में यक़ीन रखते थे, 'जो बुद्धिमान होते हैं वह उस दिशा में जाते हैं जिस दिशा में बेवक़ूफ जाने से डरते हैं।' इस बार मैंने बहुत जल्दबाज़ी में काफ़ी बुद्धिमानी के साथ फ़ैसला लिया और हम शादी के बंधन में बँध गए।

मैं यह मानना चाहता था कि इसके बाद अनन्या के लिए ज़िंदगी बहुत आसान हो जाए, लेकिन उसने एक झटके में अपने कोरपोरेट कॅरियर का त्याग कर दिया, छह अंकों वाली तनख़्वाह, दोस्तों को अलविदा कह दिया, उस कॅरियर को, जिसे उसने दिल्ली में एक दशक में बनाया था, उस शहर में जिसे वह प्यार करती थी। यह बड़ी बात है कि हम लोगों के बीच जब भी किसी तरह की बहस हुई तो उसने इस बात के बारे में किसी तरह की चर्चा नहीं की। उसके स्वभाव में यह था ही नहीं कि बैठकर किसी बात का मातम मनाए। वह अक्सर कहती, 'उठिए और काम पर जाइए, इसी तरह से आप ज़िंदगी की मुश्किलों का हल निकाल सकते हैं मिस्टर भसीन।' दिन-ब-दिन ईंट-ईंट जोड़कर उसने वह सब कुछ बनाया जो वह पीछे छोड़कर चली गई। एक ऐसी नौकरी जो उसको सुबह नौ बजे से शाम छह बजे तक व्यस्त बनाए रखती थी, दोस्तों की एक छोटी-सी दुनिया और एक अच्छा बनाया घर।

समय पंख लगाकर उड़ता जा रहा था और समय आ गया था जब हम अपने परिवार के आकार को बढ़ाने के बारे में सोचें। डॉक्टर जब

उसका मेडिकल चेक अप कर रहे थे तो उनको अनन्या के बाएँ स्तन में सूजन महसूस हुई। पता चला कि उसको स्तन का कैंसर था। लेकिन फ़िक्र करने की कोई बात नहीं थी क्योंकि यह बीमारी इलाज से ठीक हो जाती थी। आसपास के लोगों, डॉक्टर, इस बीमारी से ठीक हो चुकी महिलाओं, सबका यही कहना था। हम यही मान कर चल रहे थे कि अगर हम डॉक्टर की सलाह का ठीक तरह से पालन करते रहे तो सब कुछ ठीक हो जाएगा। हम सब ग़लत साबित हुए। 18 नवम्बर, 2018 को अनन्या ने आख़िरी साँस ली। शायद अपनी ज़िंदगी में पहली बार वह हालात से जीत नहीं पाई। लेकिन बाईस महीने इस बीमारी से लड़ते हुए वह अपना काम भी करती रही, जिसमें उसको शहर से बाहर यात्रा भी करनी होती थी, हमारे एनजीओ मुस्कान के लिए रपटें लिखती थी, मेरे व्यवसाय के लिए सोशल मीडिया के मंच का उपयोग शुरू किया और वही उसको सम्भालती भी थी, और उसने एक किताब भी लिखी। यह सब तब तक चलता रहा जब उसका एक बड़ा आपरेशन हुआ, कई बार उसका शरीर स्कैन की प्रक्रिया से गुजरा, कीमोथेरेपी के पचास से अधिक चक्र चले, उसको दर्दनाशक दवाएँ दी जाने लगीं ताकि वह असह्य दर्द को सह सके। वह जो लोगों से कहती थी वही करती भी रही, हर दिन उठकर काम पर जाती थी।

अपनी मृत्यु से कुछ दिन पहले उसने अपनी पांडुलिपि का अंतिम प्रारूप स्पाइकिंग टाइगर के रवि सिंह को मेल किया। यह काम भी वह समय पर पूरा कर पाने में सफल रही थी।

आख़िर में, जो भी हुआ वह हमारी इच्छा के मुताबिक़ नहीं हुआ लेकिन मुझे ऐसा लगता है कि अपने एक जीवन काल में उसने जितना काम किया इससे ईश्वर उसको जन्म-मरण के चक्र से मुक्त कर देंगे। मेरे पास उसकी इतनी यादें हैं कि कई बार मेरी आँखों में आँसू आ जाते हैं, कई बार हँस पड़ता हूँ, इसी किताब की तरह।

जयपुर
जून 2019

शांतनु भसीन

अनुवादक

उर्मिला गुप्ता पेशे से अनुवादक, सम्पादक, ब्लॉगर, स्क्रिप्ट राइटर हैं। पिछले दस सालों से किताबों की दुनिया में काम करते हुए 20 से ज़्यादा किताबों का अनुवाद किया, जिनमें अमीश त्रिपाठी की 'सीता : मिथिला की योद्धा', 'इक्ष्वाकु के वंशज', रश्मि बंसल की 'छू लो आसमान', 'सात रंग के सपने', 'मेरे देश की धरती' और अनुजा चौहान की 'बैटल फॉर बिटोरा (जिन्नी)' शामिल हैं। अनुवाद कार्य के लिए भारतीय अनुवाद परिषद् से 'द्विवागीश पुरस्कार' प्राप्त हुआ है।

डॉ. मृदुल भसीन अंग्रेजी साहित्य में स्नातकोत्तर एवं पीएच.डी. हैं और फुलब्राइट स्कॉलर हैं। इनके द्वारा अनूदित विजयदान देथा की कहानियों का संग्रह पेंगुइन से और अंग्रेजी में अनूदित दलित कहानियों का संग्रह हैचेट से प्रकाशित हो चुका है। 'द लिविंग ट्रेडिशंस ऑफ राजस्थान' शीर्षक कॉफ़ी टेबल बुक और 'राजस्थान फोक आर्ट' शीर्षक एक पॉकेट एडिशन हार्पर कॉलिंस से प्रकाशित हुई है।

अनुवाद-संपादक

प्रभात रजन ने अंग्रेजी से हिन्दी में 25 से अधिक पुस्तकों का अनुवाद किया है। 'बहुवचन', 'आलोचना' और 'जनसत्ता' के साथ सम्पादकीय कार्य। फिलहाल दिल्ली विश्वविद्यालय के ज़ाकिर हुसैन दिल्ली कॉलेज (सांध्य) में अध्यापन करते हैं। साथ ही Jankipul.com नामक प्रसिद्ध वेबसाइट के मॉडरेटर हैं। आजकल इनकी किताब 'पालतू बोहेमियन : मनोहर श्याम जोशी एक याद' चर्चा में है।